Burkhard Ellegast

DER WEG DES RABEN

Burkhard Ellegast

DER WEG
DES RABEN

ecoWIN

Burkhard Ellegast
Der Weg des Raben

FSC
Mix
Produktgruppe aus vorbildlich bewirtschafteten Wäldern
und anderen kontrollierten Herkünften

Zert.-Nr. SGS-COC-004295
www.fsc.org
© 1996 Forest Stewardship Council

Das für dieses Buch verwendete FSC-zertifizierte Papier
EOS lieferte Salzer, St. Pölten

Umschlagidee und -gestaltung: **kratkys.net** ✗

© 2010 Ecowin Verlag, Salzburg
Redaktion: Birgit Kühnl
Lektorat: Mag. Peter Gnaiger, Dr. Arnold Klaffenböck
Coverfoto von Burkhard Ellegast im Stift Melk: Martin Vukovits
Gesamtherstellung: www.theiss.at
Gesetzt aus der Sabon
Printed in Austria
ISBN 978-3-902404-87-9

3 4 5 6 7 8 / 12 11 10

www.ecowin.at

Inhaltsverzeichnis

Der Weg Benedikts

7

Vorwort

Über Benedikt von Nursia haben wir Nachrichten aus den Dialogen Gregors des Großen, das sind legendenhafte Schilderungen aus dem Leben des Heiligen. Es handelt sich um keine historischen Berichte, sie veranschaulichen jedoch die Persönlichkeit selbst oft besser als eine noch so genaue Dokumentation. Dazu kommt die Regel des heiligen Benedikt, die er für sein Kloster Montecassino geschrieben hat. Diese Regel fußt auf den Erfahrungen des alten Mönchtums, im Besonderen auf einer sogenannten Regula Magistri, die teilweise wörtlich übernommen wird. Seine Handschrift zeigt sich aber sehr deutlich in dem, was Benedikt nicht übernimmt, und in dem, was er selbst hinzufügt, wie er andere Akzente setzt.

Klarerweise ist vieles in der Regel Benedikts sehr zeitbezogen und -bedingt, wenn beispielsweise die Prügelstrafe Anwendung findet; freilich nur für solche, die uneinsichtig sind. Wenn der Abt die absolute Entscheidungsvollmacht hat, klingt die uneingeschränkte Stellung des römischen Familienvaters (pater familias) durch, die aber relativiert wird, wenn Benedikt festlegt, dass der Abt vor einer Entscheidung alle Brüder zu befragen hat, auch die jüngsten. Nachdem Benedikt aus dem alten Mönchtum die Überlieferung erwähnt, dass der Wein an sich für die Mönche nichts sei, fügt er sofort mildernd hinzu: „Weil man das den Mönchen unserer Zeit nicht beibringen kann" (RB* 40, 6), sollte darauf geachtet werden, dass nicht bis zum Übermaß getrunken wird. Bei der Ordnung des gemeinsamen Gebets legt Benedikt fest, dass alle 150 Psalmen auf die Woche zu verteilen sind (RB 18, 23), wäh-

---

* Die Regel des heiligen Benedikt, Beuron 1990

9

rend die Mönche der Frühzeit den ganzen Psalter an einem Tag gebetet haben. Überall zeigt sich, dass Benedikt auf dem Erbe des alten Mönchtums aufbaut, gleichzeitig aber aus einem weiten und verständnisvollen Herzen neue Wege sucht. Vor allem sieht er den Menschen sehr natürlich, in all seinen Bereichen. Benedikt hat keine Psychologie studiert, aber er hat sie in sich.

Viele seiner Weisungen und Anordnungen, vor allem aber seine warme Menschlichkeit und sein tiefer Glaube, haben auch heute noch viel zu sagen. Man spürt aus den Lebensbeschreibungen und aus der Regel, dass Benedikt ein sehr lebendiger Mensch war, zeit seines Lebens auf der Suche und bis in sein hohes Alter bereit, zu lernen, auf andere zu hören und in der Auseinandersetzung mit seinem Gott auch Ansichten zu ändern.

Benedikt ist nicht nur für Benediktiner ein leuchtendes Vorbild, sondern sein Weg und seine Regel können Anregungen und Anstöße auch für Laien geben. Immer wieder haben zum Beispiel Menschen in Führungspositionen erkannt, welche Weisheit aus Benedikts Anordnungen spricht, wie sehr er auch für deren Belange wegweisend sein kann. Pädagogen sehen in der Regel Hinweise und Hilfen für ihre Erziehungsaufgaben. Genauso gibt die Regel Wegweisungen für jedes menschliche Miteinander, für Berufstätige, für Ehepaare in ihrem Zusammenleben und in der Erziehung der Kinder.

In der Persönlichkeit Benedikts vereinen sich echte Menschlichkeit und tiefer Glaube. So fließen aus der Regel auch Anregungen und Anstöße für einen gelebten Glauben, der Kraft gibt und Freude schenkt.

Mach es anders

Wir leben in dieser Welt. Als Menschen mit Fleisch und Blut. Wir wurden alle in diese Welt hineingeboren, wuchsen heran und versuchten, unser Leben in die eigenen Hände zu nehmen. Dabei ergab sich ein Beziehungsnetz, in dem wir eine bestimmte Rolle spielen: in der Familie, im Freundeskreis und auch im Beruf. Wir haben unsere Vorstellungen vom Leben. Wir haben Erwartungen an uns, aber auch an die Menschen, mit denen wir zusammenleben. Manches davon wird Wirklichkeit. Vieles misslingt aber auch, wird nicht.

Jeder von uns hat seine festen Gewohnheiten, gute und schlechte. Jeder hat seine Bräuche und geregelten Tagesabläufe: vom Aufstehen bis zum Schlafengehen. Unser Leben ist ein ständiges Geben und Nehmen. Die Spielregeln dieses Miteinanders haben sich im Laufe der Jahre nach und nach gebildet. Wir organisieren unsere Gemeinschaften. Wir verzetteln und verbriefen uns. In Staaten, Kirchen – wo auch immer. In diesen Gemeinschaften bilden sich erneut Gewohnheiten, Regeln, die allmählich zu Gesetzen werden und dann für alle gelten. So wird unser Leben immer mehr institutionalisiert. Das erleichtert unser Leben, bietet Sicherheit. Ohne diese Regeln hätte keine Gemeinschaft Bestand.

Nun hat aber jeder Mensch trotzdem bestimmte Verhaltensmuster beibehalten, die manchmal nicht mit dem geordneten Miteinander seiner Gemeinschaft in Einklang zu bringen sind. Dann kollidieren seine Wünsche und Vorstellungen mit jenen der anderen. Wenn das Gewissen eines Menschen sehr klaren Vorgaben folgt und andere Dinge weist, als es die Institutionen von uns verlangen, sind Konflikte unausweichlich. Letztlich liegt genau hier

11

auch der Ansatzpunkt für die Kritik Jesu an der jüdischen Religion und Gesetzlichkeit.

Und bei mir war das nicht anders. Bereits am ersten Tag, nachdem ich in meine klösterliche Gemeinschaft eingetreten war, strömte auf mich eine Vielzahl von Eindrücken ein. Ich musste mich mit einer völlig neuen Lebensweise abfinden. Mit ungewohnten Dingen wie dem Chorgebet, einer unmissverständlich klar festgelegten Ordnung des Alltags, mit vielen für mich damals noch fremdartigen Wegen, von denen mir nur gesagt wurde, so sei es nach der Regel Benedikts. Dazu kamen ganz unterschiedliche Mitbrüder, die vollkommen anders waren und anders dachten als ich.

Auch als ich mich bereits eingelebt hatte, gingen mir manche dieser Gebräuche noch ganz schön gegen den Strich. Ich begriff ihren Sinn einfach nicht, und wenn ich danach fragte, wurde mir immer nur gesagt, dass ich das alles eben noch nicht verstünde, dass es sich dabei aber um Regeln handelt, die sich im Laufe der Jahrhunderte bewährt hätten. Für einen jungen Menschen ist so eine Antwort natürlich denkbar unbefriedigend.

Nach anfänglichen Schwierigkeiten gelang es mir immerhin, das gemeinsame Chorgebet allmählich positiv anzunehmen. Es war mir sogar wichtig geworden. Und ausgerechnet dieses Chorgebet sollte mich bald in arge Gewissensnöte bringen. Nach etwa einem Jahr Noviziat, das als eine Art Einführung in das klösterliche Leben gedacht ist, machte ich mich mit zwei weiteren Novizen und unserem Novizenmeister auf den Weg, um eine Wallfahrt nach Maria Langegg zu unternehmen. Maria Langegg liegt etwa 15 Kilometer von unserem Kloster entfernt. Wir konnten die kurze Reise im Auto unseres Abtes unternehmen und hatten sogar einen Chauffeur, der uns dorthin kutschierte. Kurz: Es war eine gemütliche Wallfahrt. Auf dem Heimweg hielt uns ein Passant an. Am Straßenrand saß eine Frau, der man eindeutig ansah, dass ihr nicht gut war. Wir wurden freundlich gebeten, sie zu einem Arzt zu bringen. Und als wir drei Novizen uns daran machten, auszusteigen, um der Frau zu helfen, erklärte uns der Novizenmeister, dass wir dazu keine Zeit hätten, weil um 18 Uhr unser gemeinsames Chorgebet beginne und wir nicht daran teilnehmen könnten, wenn wir uns nun um die Frau kümmerten. Ich sehe heute noch die Fäuste, die man hinter uns ballte, als wir weiterfuhren, ohne zu helfen.

Ich war völlig perplex und musste an ein Gleichnis des Evangeliums denken. Es handelt von dem Mann, der unter die Räuber fiel und übel von ihnen zugerichtet wurde (Lk. 10, 25–37). Ein Priester kam vorüber, sah ihn und ging weiter. Genauso unbarmherzig verhielt sich ein Levite, der des Weges kam. Erst ein Samariter, ein von den Juden verachteter Ausländer, wusste, was zu tun war. Er kümmerte sich um das geschundene Opfer. Als mein Zorn nach dem Vorfall mit der Frau am Straßenrand ein wenig verflogen war, ging ich noch am selben Abend zu meinem Novizenmeister und redete mir meinen Unmut von der Seele. Schnell bemerkte ich, dass sich mein Vorgesetzter der Tragweite der Situation gar nicht bewusst war. „Der war halt ein wenig schlecht", war alles, was er zu mir sagte.

Es war geradezu grotesk, dass uns die Erzählung vom Samariter ausgerechnet von unserem Novizenmeister nähergebracht worden war. Sie richte sich vor allem an die Juden, erklärte er uns, weil die nicht wüssten, was zu tun sei. Man sehe daran, dass das Christentum auch zu den Nichtjuden gehe, dass das Christentum eben einfach der bessere Weg sei. Ich aber fragte mich nun, was ich bei so einem Verein sollte, wo das Chorgebet wichtiger zu sein schien, als unseren Mitmenschen konkrete Hilfe zu leisten. Mag sein, dass dieser Frau tatsächlich „nur ein wenig schlecht" war. Was aber, wenn sie wirklich unserer Hilfe bedurft hätte?

Überlegungen wie diese kamen mir als Novizen immer wieder in den Sinn. Jedes Mal, wenn wir Novizen aber Änderungsvorschläge einbrachten, hieß es sofort wenig aufbauend: „Das Kloster denkt in Jahrhunderten." – Ja, was sollte ich bei diesem Verein?

Trotz allem ging ich meinen Weg weiter. Ich wollte nicht so schnell aufgeben. Nach dem Noviziatsjahr folgten zur weiteren Prüfung drei weitere Jahre, bevor ich mich endgültig entscheiden sollte. In dieser Zeit studierte ich in Salzburg Theologie. Ich war in den Jahren ständig hin- und hergerissen. Sollte ich – oder sollte ich nicht?

Ich suchte häufig das Gespräch mit befreundeten Mitbrüdern, mit meinem geistlichen Begleiter, aber auch mit Menschen, die meiner Situation objektiv gegenüberstanden. Und immer wieder hatte ich das Bild von der Frau am Straßenrand vor Augen. Noch dazu hatte ich damals noch eine sehr verlockende Alternative. Immer schon stand vor meinem geistigen Auge die Beziehung zu einer Frau, die ich liebe, mit der ich das Leben teile, das Leben weitergebe. Ich hatte den romantischen Traum, wie schön es sein müsste, mit einem geliebten Menschen zu beten, über Gott und Welt zu reden. Obwohl für mich der Weg der Nachfolge immer klarer wurde, war der Gedanke an den anderen Weg doch sehr stark da. Ich bin überzeugt, dass der Weg der unmittelbaren Nachfolge nicht gangbar wäre, wenn nicht auch der Weg einer menschlichen Beziehung genauso erstrebenswert und realisierbar schiene.

Gregor der Große berichtete übrigens in den „Dialogen" davon (Dialoge, Kapitel 2), dass Benedikt in seiner Höhle einmal das Bild einer Frau massiv vor Augen hatte, der er in Rom begegnet war. Die Versuchung, zu ihr zurückzukehren, war doch sehr stark. Die Legende erzählt, Benedikt habe sich, um diese Versuchung zu überwinden, in einen Dornenstrauch geworfen. Dieses Beispiel hat meiner Meinung nach nichts mit Masochismus zu tun. Es soll nur versinnbildlichen, dass der Verzicht auf diesen Weg nicht einfach ist. Übrigens hat diese Erzählung eine ganz liebe Weiterführung erfahren: Als Franziskus von Assisi einst Subiaco besuchte, um dem heiligen Benedikt die Ehre zu erweisen, sei der Dornenbusch Benedikts zu einem Rosenstrauch geworden. Jedes Leben – so die Botschaft – bringt eben Dornen und Rosen.

Dann – einige Monate vor meiner endgültigen Entscheidung – hatten wir Exerzitien, eine Art Einkehr und das Überdenken des eigenen Weges. Einmal mehr erzählte ich meinem Exerzitienleiter von meinen Problemen und vor allem von dem Erlebnis mit der Frau am Straßenrand. Er hörte mir aufmerksam zu, blickte mich an und sagte dann zwei kurze Sätze, die meinem Leben bis heute seine Richtung geben: „Warum regen Sie sich über diesen alten Mann auf? Machen Sie es doch anders!" Dieser Satz war wie ein Erweckungserlebnis. Der Groschen war gefallen. Mir war klar, dass ich bei diesem „Verein" bleiben wollte. Ich fieberte meiner Priesterweihe richtiggehend entgegen, weil ich es nicht mehr erwarten konnte, es endlich anders zu machen.

„Mach es anders" sollte ein Schlüsselsatz meines Lebens werden. Er stand stets vor meinem Denken und meinen Überlegungen. Sicher: Ich konnte längst nicht alles so machen, wie ich es gewollt hätte. Trotzdem wurde manches anders. Ich konnte oft meine Erfahrung weitergeben, und das ist vielleicht auch das Beste, was man in seinem Leben tun kann, andere Wege zu suchen und aufzuzeigen. Kurz: „Mach es anders."

Inzwischen bin ich alt geworden, habe meine Verantwortung als Abt in jüngere Hände gelegt, kann mich aber dennoch in meiner Gemeinschaft und für manche Menschen weiterhin nützlich machen. Auch wenn man älter wird, darf man es immer noch anders machen. Die Alternative dazu ist ja auch wenig erbaulich. Denn wenn man es im Alter nicht „anders machen" will, legt man seine Hände nur in den Schoß und wird vielleicht grantig, weil man nicht mehr gebraucht wird. Man könnte auch traurig sein, weil vieles nicht mehr geht. – „Mach es anders." Sei dankbar dafür, was noch alles geht und möglich ist. Dann kannst du noch vieles bewegen auf dieser Welt.

Wir alle leben unser Leben, neigen dazu, alles einfach laufen zu lassen. Dabei spielen sich Gewohnheiten ein, die Wege häufig verengen, sie zu eingefahrenen Gleisen machen, aus denen wir zeitlebens nicht mehr herauskommen. Sicher: Das kann auch angenehm sein. Denn dann scheint alles wie von selbst zu laufen. Wir müssen uns nicht mehr anstrengen. Aber wahre Zufriedenheit stellt sich nur ein, wenn man eine Anstrengung gemeistert hat, wenn man neue Zugänge zu den Menschen sucht. Es würde uns nicht froh machen, wenn wir nur auf ausgetretenen Pfaden wandelten. Den schönsten Tag am Meer verbringt man eben nach einer Küstenwanderung und der Entdeckung eines einsamen Strandes – und nicht auf einem Liegestuhl in der 14. Reihe. So sehr auch eingespielte Gewohnheiten das Leben leichter machen mögen, so groß ist die Gefahr, dass sie allem Neuen, Besseren, Tragfähigeren im Wege stehen. Solange wir Leben in uns spüren, bemerken wir immer wieder, dass es so nicht weitergehen kann, dass ein neuer Ansatz gefunden werden muss. Wenn wir etwa an unsere Beziehungen denken, so müssen wir uns wohl oft eingestehen, dass alles einfach dahinläuft. Das Leben kann natürlich nicht immer nur aufregend sein. Aber ständig derselbe Trott kann es erst recht nicht sein. – „Mach es anders." Zeig deinem Partner immer wieder neu und auf immer wieder andere Weise, dass du ihn magst. Lass deine Kinder spüren, dass du nicht immer stereotyp die gleichen Anweisungen gibst. Such immer wieder neu einen Zugang zu ihnen.

Auch wenn wir an unsere Beziehung zu Gott denken, wird uns wohl bewusst, dass vieles Gewohnheit und Brauch wurde. Solche Bräuche mögen ihren Sinn haben, weil sie uns an Wichtiges erinnern. Bliebe es jedoch beim bloßen Brauch, dann wäre eine große innere Leere die Folge. Auch in dieser Hinsicht ist Spontaneität und Kreativität gefragt. – „Mach es anders."

Oft hört man auch den Satz: „Ich bin einfach so. Ich kann aus meiner Haut nicht heraus." Wenn jemand so denkt, dann wird nichts anders, nichts neu. Zugegeben: Es ist schwer, ein anderer Mensch zu werden, wenn man durch Charakter und Erziehung „festgelegt" ist. Dabei liegen so viele Facetten des Menschseins in uns, die uns neue Wege sehen und gehen lassen. Die es uns möglich machen, in unserer Haut beweglich zu bleiben.

16

Der heilige Benedikt kann uns mit seiner Regel Wege weisen, es anders zu machen. Er gründete für seine Mönche eine „Schule" (RB, Pr. 45). Sie ist eine Institution, die zum lebenslangen Lernen ermahnt. Das ist nicht immer einfach. Im Fortschreiten aber werde das Herz weit und man laufe seinen Weg (vgl. RB, Pr. 49). „Mach es anders."

Wie zwei Suchende eine Freundschaft fanden

Meine erste Begegnung mit Paulo Coelho

„Und wenn er jetzt als älterer Mensch zurückdachte, wurde ihm bewusst, dass das eigentliche Paradies im Suchen bestand." Dieser Gedanke kam mir beim Waldzell Meeting in den Sinn. Das ist ein Treffen im Stift Melk, bei dem die klügsten Köpfe der Welt zusammenkommen, um nicht mehr und nicht weniger zu tun, als über den Sinn des Lebens nachzudenken. Unter ihnen waren bisher etwa der Quantenphysiker Anton Zeilinger, die Künstler Christo und Jeanne-Claude, die Schriftstellerin Isabel Allende oder Nobelpreisträger der Medizin, wie Günter Blobel und Christian de Duve.

2005 hatte ich dort eine Begegnung, die anders war als alle zuvor. Bevor ich Paulo Coelho im Laufe dieser Veranstaltungen kennenlernte, hatte ich schon eine ganz bestimmte Vorstellung von diesem Schriftsteller aus dem fernen Brasilien. Ich hatte bereits sein Buch „Der Alchimist" gelesen und auch noch das eine oder andere seiner Werke. Anlässlich dieses Waldzell Meetings saßen wir, die Veranstalter, Abt Georg, unser Pater Martin und ich, mit Coelho in einem alten Keller bei einem Gläschen Wein zusammen. Obwohl wir auf Übersetzungen angewiesen waren, hat sich in diesem Gespräch so viel offenbart, was ich vorher nur geahnt hatte. Da sprachen eindeutig unsere Herzen miteinander. Was Übersetzungen nicht leisten konnten, wurde uns beiden an diesem Abend einfach so geschenkt.

Auch auf Coelho muss dieser Abend einen besonderen Zauber ausgeübt haben. Er philosophierte darüber wenig später in einem Feuilleton, das er für eine österreichische Zeitung schrieb. Der Titel des Textes lautet „Geheimnisse des Kellers", den uns mein heute lieb gewordener Freund sehr gerne für dieses Buch zur Verfügung gestellt hat.

Geheimnisse des Kellers

Einmal im Jahr komme ich in die Benediktinerabtei Melk in Österreich, um an den Waldzell Meetings, einer Initiative von Gundula Schatz und Andreas Salcher, teilzunehmen. Gemeinsam mit Nobelpreisträgern, Wissenschaftlern, Journalisten, rund 20 Jugendlichen und einigen weiteren geladenen Gästen verbringen wir ein ganzes Wochenende in Abgeschiedenheit. Wir kochen, spazieren durch die Gärten des Gebäudekomplexes (welcher schon Umberto Eco bei seinem Werk „Der Name der Rose" inspirierte) und unterhalten uns formlos über die Gegenwart und Zukunft unserer Zivilisation. Die Männer nächtigen in der klösterlichen Klausur, die Frauen sind in Hotels der Umgebung untergebracht.

Die Waldzell Meetings gehören zu den kreativsten Treffen, an denen ich teilgenommen habe, und bei weiterer positiver Entwicklung werden sie sich als Sinnbild für Diskussionen über die Zukunft und die Gegenwart unseres Planeten etablieren. Das Meeting 2005 erfüllte alle Erwartungen. Es war gekennzeichnet von leidenschaftlichen Diskussionen mit erfreulichen Momenten und natürlich auch Meinungsverschiedenheiten. Fast alle Gäste kehrten am Sonntagabend in ihre Heimatländer zurück. Doch da die Initiatoren und ich an der Einweihungsfeier des österreichischen Abschnitts des Jakobsweges teilnehmen sollten, war es notwendig, eine weitere Nacht in der Abtei zu verbringen. Pater Martin lud uns ein, mit ihm an seinem „geheimen Ort" zu Abend zu essen.

Wir stiegen erwartungsvoll in den unterirdischen Teil des alten Gebäudes hinab. Eine alte Tür öffnete sich und wir befan-

den uns in einem weitläufigen Saal, in dem alles Mögliche zu finden war – oder zumindest all jenes, was sich im Laufe der Jahrhunderte angesammelt hatte und von dem sich Pater Martin nicht trennen konnte: alte Schreibmaschinen, Schi, Helme aus dem Zweiten Weltkrieg, Bücher, die nicht mehr im Umlauf sind, und Weinflaschen – Dutzende, sogar Hunderte von verstaubten Weinflaschen, aus denen Abt Burkhard, der uns Gesellschaft leistete, im Laufe des Abendessens die besten aussuchte. Obwohl ich nie mehr als ein paar Worte mit ihm gewechselt habe (da Abt Burkhard ausschließlich deutsch spricht), halte ich ihn für einen meiner spirituellen Mentoren. Sein Blick ist gütig und sein Lächeln ist ausnehmend barmherzig. Ich erinnere mich, dass ihm einmal aufgetragen worden war, mich bei einer Konferenz vorzustellen und zum allgemeinen Erstaunen hatte er ein Zitat aus meinem Buch „Elf Minuten" ausgesucht (das Buch handelt von Sexualität und Prostitution).

Während ich aß, wurde mir voll und ganz bewusst, dass ich einen einzigartigen Moment an einem einzigartigen Ort erlebte, und mit einem Mal fiel mir etwas äußerst Wichtiges auf. Alle diese Dinge im Keller hatten ihren Platz und ihre Ordnung, die einen Sinn ergab. Sie waren alle ein Teil der Vergangenheit, aber vervollständigten auch die Geschichte der Gegenwart.

So stellte ich mir selbst die Frage: „Was hat sich im Keller meiner Vergangenheit angesammelt, das für mich keinen direkten Nutzen mehr hat?" Meine Erfahrungen beziehe ich aus dem Alltag – sie sind nicht in diesem Keller, sie beeinflussen mich unaufhörlich und helfen mir. Also hier von meinen Erfahrungen zu sprechen, wäre der falsche Gedanke. Doch wie lautet nun aber die richtige Antwort – meine Fehler?

Ja, richtig. Als ich mir den Abteikeller von Melk ansah und bemerkte, dass man sich nicht all dessen entledigen sollte, was keinen Nutzen mehr hat, begriff ich auch, dass sich im letzten und dunkelsten Winkel meiner Seele meine Fehler befanden. Irgendwann hatten sie mir den Weg gewiesen, doch nachdem ich mir

21

ihrer bewusst geworden war, verloren sie ihre Bedeutung. Sie müssen jedoch weiterhin ein Teil von mir bleiben, damit ich mich daran erinnern kann, dass ich ihretwegen ausgerutscht und hingefallen bin und beinahe nicht mehr die Kraft gefunden habe, wieder aufzustehen.

In jener Nacht, auf dem Rückweg in meine Zelle, erstellte ich eine Liste, aus der ich nun zwei Beispiele anführen möchte:

Meine jugendliche Arroganz. Wann immer ich rebellisch war, suchte ich nach einem neuen Weg – was positiv war. Doch immer wenn ich überheblich war und dachte, dass ältere Menschen nichts wüssten, habe ich verabsäumt, vieles zu lernen.

Das Vergessen von Freunden. Ich habe schon viele Höhen und Tiefen durchlebt, aber bei meinem ersten „Hoch" glaubte ich, dass sich mein Leben geändert hätte, und beschloss auch meinen Freundeskreis zu ändern. Natürlich verschwanden diese Neuankömmlinge beim darauf folgenden „Absturz", an meine früheren Gefährten konnte ich mich nun aber auch nicht mehr wenden. Seit dieser Zeit versuche ich Freundschaft als etwas zu pflegen, was durch die Zeit nicht verändert wird.

Die Liste ist sehr lang, doch der Raum der Spalte begrenzt. Obwohl mich meine Fehler inzwischen alles gelehrt haben, was ich aus ihnen lernen konnte, ist es wichtig, dass sie trotzdem weiter im Keller meiner Seele bleiben, damit ich sie – wenn ich dann und wann auf der Suche nach dem Wein der Weisheit in diesen Keller hinabsteige – betrachte und als Teil meiner Lebensgeschichte akzeptiere. Sie befinden sich in den Fundamenten dessen, was ich heute bin, und ich muss sie mittragen – sosehr sie auch geordnet sein mögen.

Andernfalls laufe ich Gefahr, dass sich alles noch einmal wiederholt.

Als ich diesen Text erstmals las, setzte ich mich sofort an meinen Schreibtisch und hielt meine Gedanken dazu in folgender Antwort fest, die ich Coelho später auch übermittelte.

Der Keller des Herzens

Manche Dinge geschehen uns und wir wissen nicht, warum, wir fragen uns: Wie komme ich dazu? Im Jahre 2004 befand ich mich plötzlich in einer Runde großer Geister und ganz hervorragender Menschen, denen die Aufgabe gestellt war, über den Sinn des Lebens nachzudenken. Was sollte ich dort als einer, der mit 20 in ein Kloster eingetreten war, in der Schule junge Menschen unterrichtete, dieses Kloster durch 26 Jahre als Abt zu leiten hatte und jetzt ein wenig das tun kann, was ich gern tue: für Menschen da zu sein, ihnen ein wenig zur Seite zu stehen, wenn sie Freude einfach teilen möchten, vor allem aber, wenn sie Nöte und Probleme haben oder keinen Sinn in ihrem Leben sehen?

Als ich da vor der erlauchten Corona stand und vor all den Gästen, die sich natürlich erwarteten, Hilfe zu finden in all ihren so hektischen und zielgerichteten Tätigkeiten, erzählte ich einfach von mir und dem Pessimismus, der mein ständiger Begleiter zu sein scheint. Ich sprach davon, dass mir mein Glaube die Kraft gibt, trotzdem so zu leben, als könnte alles gut gehen. Ich nannte meine Parole: „Wenn ich untergehe, gehe ich mit fliegenden Fahnen unter", und erklärte, wie ich auf diesem Weg immer wieder einen ganz großen Sinn in meinem Leben finde. Dass ich, wenn dann wieder eine neue Situation herankomme, alles und jedes fürchte und doch wieder gleichsam aus dem Boot meiner Ängste aussteige und den Weg über die Fluten wage. Wenn ich sinke, dann wisse ich aus meinem Glauben, dass ich meine Hände wieder hochhalten könne: „Herr, rette mich!" Und – es zeigte sich immer wieder ein Weg. Als ich diese Gedanken entwickelte, spürte ich deutlich, dass bei meinen Zuhörern ganz große spirituelle Sehnsucht vorhanden war. Wie sonst hätten sie mir nach einem so anstrengenden Tag, spätabends, noch so treu zugehört? Und wie sonst wären am frühen Morgen des nächsten Tages so viele zu einer Morgenmeditation gekommen?

Für mich selbst hat das Waldzell Meeting eine große Bedeutung, weil es mir zeigte, dass ich auch als älter werdender Mensch Sinn erfahren kann, wenn ich meine Sinnerfahrungen weitergebe. Vor allem der Versuch der Veranstalter, den ganzen Menschen anzusprechen und ihm so zu helfen, reinen Rationalismus, unreflektierte Gefühlsduselei und einseitige Körperbetonung auf einen gemeinsamen Nenner zu bringen. Das Waldzell Meeting 2004 hat auch 2005 eine Fortsetzung gefunden und ich freue mich, dass die Veranstalter immer mehr erfahren, wie dieses Meeting gerade in unserem Kloster positioniert ist.

Und dann kam es durch dieses Waldzell Meeting zur Begegnung mit Paulo Coelho. Ich hatte schon einige Bücher von ihm gelesen, in denen es um viele Höhen und Tiefen menschlichen Lebens geht. All das aber ist bei ihm so anschaulich geschildert, dass nur eigenes Erleben dahinter stehen kann. Ich wusste noch nicht viel von seinem Leben und spürte doch, dass da ein Mensch, der Träume und Visionen hat, mit sich selbst gerungen haben muss, um zu jenen Träumen und Visionen zu kommen, die letztlich Sinn bringen. Bei all dem spürt er, dass er noch immer unterwegs ist und zu lernen hat, gerade aus seinen Fehlern, die im Keller seines Herzens vor seinem geistigen Auge stehen.

Im Grunde geht es in all seinen Werken um die Freiheit des Menschen, die durch so viele Dinge behindert wird, sich nicht entfalten kann. Man meint, die Freiheit zu finden, indem man einfach keine Grenzen sieht, lebt, wie es einem gefällt; sucht Freiheit und engt sich doch selbst fürchterlich ein. All das sieht man oft erst nachher. Paulo Coelho spricht in seinem Essay „Geheimnisse des Kellers" davon, dass ich ihn bei seinem Melker Besuch vorzustellen hatte und dort, zum Erstaunen aller, etwas aus seinem Buch „Elf Minuten" zitierte. Ich erwähnte damals eine Notiz aus dem fingierten Tagebuch der Hauptperson, wo sie von einem wunderschönen Vogel spricht. Dieser sei immer wieder zu ihr gekommen und sie habe sich in ihn verliebt. Weil sie ihn immer bei sich haben wollte, stellte sie ihm eine Falle und steckte ihn dann *in einen Käfig. Nun hatte sie ihn gleichsam fest an der Hand. Doch dann gewöhnte sie sich an ihn und er war nicht mehr dieser ganz besondere Vogel, und auch der Vogel selbst war in seiner Gefangenschaft nicht mehr der geliebte Vogel, wenn er nicht frei fliegen konnte. Er wurde immer schwächer und glanzloser. Der Tod des Vogels offenbarte ihr dann, warum alles so kommen musste: „Hättest du ihn fliegen und immer wieder kommen lassen, hättest du ihn geliebt." Und jetzt hatte sie den Tod gebraucht, um wieder richtig zu sehen.*

So oft sperren wir ein und werden eingesperrt, weil wir Freiheit als etwas sehen, das keine Grenzen und Schranken kennt, das Bindungen als Einengung sieht. Wir übersehen dabei, dass das zu individualistischer Enge führt und dadurch uns selber und andere total unfrei macht. Freiheit ist ohne Bindung nicht möglich. Das meint der berühmte Baum in der Mitte des Paradieses. Wenn die Hauptperson im „Zahir" die geliebte Frau fast besessen sucht, muss er lernen, dass Liebe nicht Besitz ist, Verfügung über das Du, etwas, das selbstverständlich da ist, sondern dass Liebe nur im Freisein von individualistischer Enge wirklich Liebe ist.

Es sind in jedem Werk ganz andere Personen, über die Coelho schreibt, und doch steckt hinter allem er selbst, mit all dem, was er erlebt hat. Gerade dieses persönliche Dahinterstehen macht seine Bücher so lebendig. In seiner Kolumne „Geheimnisse des Kellers" zeigt er so viel davon, wie seine Fehler im Keller seines Herzens da seien, wo er sie immer wieder ansehen, sich an sie erinnern könne. Sie seien dort gut aufgehoben, seien aber bewusst und bewahren so vor Unfreiheit.

Unser Zusammensein am „geheimen Ort" in Melk war auch für mich eine Sternstunde. Obwohl ich kein Englisch spreche, verstand ich fast alles, was gesprochen wurde, weil Augen und Gesten so oft vieles besser ausdrücken als die Sprache. Mir klingt so stark Paulo Coelhos Frage an mich in meinen Ohren: „Was meinen Sie, dass ich jetzt tun solle?" Ich sagte, er solle einfach weiter unterwegs bleiben, suchen und wieder suchen. Gerade dieses Suchen lässt uns immer wieder finden und macht uns neugierig, was weiter und jedes Mal neu Sinn gibt. Die Fehler im Keller der Seele werden uns Wege zur Freiheit weisen.

Paulo Coelho schreibt, dass ich damit beschäftigt gewesen sei, herauszufinden, welcher Wein wohl der beste sei. Ich wollte jenen Wein finden, der für ihn der beste sei. Das war vielleicht gar nicht der Wein, der am besten schmeckt und nach dem Urteil von Weinkennern der beste wäre, sondern das war ein Wein aus dem Jahre 1986. In diesem Jahr hatte – soweit ich aus den Begegnungen mit Paulo Coelho persönlich und aus seinen Büchern sehe – er selbst einen wesentlichen Schritt in Richtung wahrer Freiheit gesetzt. Da kam der Vogel aus seinem Käfig heraus und konnte wieder frei fliegen.

Diese Suche nach der wahren Freiheit, nach dem, was wirklich frei macht, ließ mich mein ganzes Leben unterwegs sein. Es gab Fehler, Irrwege, Umwege, aber das große Ziel blieb stets vor meinen Augen und ließ mich weiter unterwegs bleiben. Das war oft mühsam. Und immer wenn mich die Mühsal zu erdrücken drohte, folgte ich im Gedanken einem Satz, der nur aus drei Wörtern besteht und dennoch eine Hilfe für ein ganzes Leben bietet: „Mach es anders."

Die Welt,
in der wir leben

Wohin geht der Weg?

Die Welt, in der wir leben, ist immer größer geworden. Das römische Weltreich umfasste weite Teile des heutigen Mitteleuropas, dahinter gab es weite Landstriche, die weniger bekannt waren und weit entfernt lagen. Damals waren Asien, Südafrika oder Skandinavien weiter von Rom entfernt, als es heute für uns der Mond ist. Als Kolumbus in Amerika landete, war die Welt noch einmal ein Stück größer geworden: Man hatte eine völlig neue Welt entdeckt. Man wusste um die gewaltigen Ausmaße und Distanzen, wusste aber wenig darüber, wie die Menschen dort lebten. Man wusste, dass die Welt groß, sehr groß war, dass es viele Menschen gab, verschiedene Rassen und Sprachen. Man begann zu forschen und doch war der Horizont noch zu eng, weil man nicht mitbekam, was in der weiten Welt vor sich ging.

Dann kamen die großen, neuen technischen Erfindungen: Eine Schiffsreise nach Amerika oder in den Fernen Osten dauerte lange und war nur wenigen möglich. Flugzeuge bewirkten dagegen, dass viele relativ schnell irgendwo hinkommen konnten. Telefon und Funk, später das Fernsehen, ließen Nachrichten über alles, was sich in den fernsten Winkeln der Welt ereignete, in Sekundenschnelle überallhin gelangen: Eine ungeheure Erweiterung des Horizonts war geschehen. In historischen Dimensionen gedacht, passierte das quasi „über Nacht". So ist die ehemals große weite Welt heute sehr klein geworden. Man ist sogar in der Lage, die Anziehungskraft der Erde zu verlassen und in den Weltraum vorzudringen.

In dieser neuen, heute leicht überschaubaren Welt ist Europa ein ziemlich kleiner Kontinent geworden, auf dem viele, sehr verschiedene Völker leben. Große Völkerschübe aus Karggebieten in fruchtbare Landschaften sorgten in der Geschichte für Unruhe und dann doch wieder für eine gesunde Vermischung dieser unterschiedlichsten Völker. Neue Nationen entstanden und es begann das Auf und Ab einer bewegten Geschichte.

Über die Jahrhunderte kam es so weit, dass die christliche Kirche zu einer sehr bestimmenden Kraft, einer gewaltigen Institution wurde und die Herrschaftsstrukturen von Staaten übernahm. Großes konnte geschehen, aber auch die Unterdrückung der Menschen war einfacher geworden. In der Folge traten immer wieder gewaltige und nicht selten auch gewalttätige Spannungen zwischen der Kirche und den Staaten auf. Die Menschen hatten sich Kirche und Staat unterzuordnen. Der Einzelne stand noch im Hintergrund. In der Zeit des Humanismus und der Renaissance entdeckte der Mensch seine Individualität und sein Gewissen. Mit der Berufung auf dieses wandte er sich gegen Befehle von oben und erhob sich gegen Staat und Kirche.

Diese Entwicklung ging weiter: Der Mensch erkannte die Kraft seines Verstandes und besann sich unter Zuhilfenahme dieses Verstandes darauf, neue Wege zu gehen, sich die Erde untertan zu machen, was bis dahin unvorstellbar gewesen war. Ein gewaltiger Fortschrittsoptimismus erfasste Europa. Eine Erfindung nach der anderen revolutionierte das Leben der Menschen. Mit allen Vor- und Nachteilen. Fabriken wurden gebaut und lösten die kleinen Werkstätten ab. Die Arbeiterfrage führte zu Revolutionen, neue politische Richtungen entstanden, die sich gegenseitig bekämpften und für sich den besseren Weg reklamierten. Machtblöcke bildeten sich und standen einander unversöhnlich gegenüber. Waren früher Großreiche, etwa die österreichisch-ungarische Monarchie, den nationalistischen Bestrebungen zum Opfer gefallen, entstanden allmählich neue Machtkonzentrationen auf weltanschaulichen Grundlagen: der Kommunismus im Osten, der Kapitalismus im Westen. Dazwischen regten sich immer wieder nationalistische Tendenzen, wie etwa der Nationalsozialismus in Deutschland oder der Mussolini-Faschismus in Italien. Zwei fürchterliche Kriege waren die Folge all dieser Bewegungen. Kriege, die ein bis dahin unvorstellbares Leid über die Menschen brachten. Und heute gibt es weiter diese nationalistischen Tendenzen – man denke nur an die Gräueltaten nach dem Zusammenbruch des ehemaligen Jugoslawien – und doch sind wir weiterhin auf der Suche nach einer großen Einheit, weil kluge Köpfe im Miteinander wesentliche Möglichkeiten sehen: die Europäische Union, das vereinte Europa, das sich immer mehr erweitert hat und doch von den Egoismen der einzelnen Mitgliedsstaaten regelmäßig erschüttert wird.

Wohin geht der Weg? Muss es immer wieder Kriege geben und das damit verbundene Blutvergießen? Ist die Lage aussichtslos? Wiederholt sich das Drama ständig neu?

Immer wieder hat es innerhalb der Kirche Entwicklungen gegeben, die aus der Not einer bestimmten Zeit hervorgegangen sind und neue Wege aufzeigten. Diese Bewegungen waren nicht durch Herrschaftsstrukturen belastet wie die Kirche, weshalb es ihnen möglich war, auf wesentliche Punkte hinzuweisen und neue Richtungen einzuschlagen. Beispiel dafür war das Mönchtum Benedikts, das in den Wirren der Völkerwanderung entstanden war. Mit der „Stabilitas loci", der Beständigkeit am Ort, steuerte Benedikt dem Herumwandern und aller Beliebigkeit entgegen. Er setzte vielmehr auf Treue und schaffte so zunächst einmal Ruhe. Benedikts Klosterkonzept war eine Antwort auf die Probleme der damaligen Zeit. Diese Antwort hat durch viele Jahrhunderte die Richtung gewiesen und vor allem stets neue Wege angebahnt.

Auch spätere Ordensgründungen waren immer die Antwort auf die Probleme der jeweiligen Zeit. All diese Gründungen waren primär Bewegungen und keine Institutionen. So konnten sie nicht nur Wertvolles und Wichtiges bewahren, sondern auch neue Anstöße geben. Benedikts Regel wurde im 6. Jahrhundert geschrieben und spiegelt natürlich den Geist der damaligen Zeit wider. Sie ist aber in weiten Teilen über Benedikts Zeit hinaus aktuell geblieben, sie gibt Ideen, zeigt Wege und lässt den Glauben lebendig werden.

Der Regel Benedikts gelingt es wie kaum einer anderen, in unruhigen und orientierungslosen Zeiten einen neuen, festen Halt zu geben. Und in genau so einer Zeit leben auch wir gerade.

Im folgenden Abschnitt soll in großen Zügen die Entwicklung skizziert werden, die Europa zu dem gemacht hat, was es heute ist.

Die Wurzeln Europas

Als Wiege der europäischen Kultur gilt Griechenland. Hier entwickelte sich durch die Jahrhunderte hindurch eine hohe Kultur. Diese neue kulturelle Kraft ließ vor allem in Athen große Leistungen entstehen. Zeugnisse der Literatur, der Bildhauer- und Baukunst sowie der Malerei lassen erkennen, dass hier der Geist, aber auch die Frömmigkeit eine neue Gestalt angenommen hat. Das Wissen um Gottheiten, die hinter allem gesehen wurden, galt den Griechen als eine selbstverständliche Wirklichkeit. Auf dem Höhepunkt dieser Kultur stand Sokrates mit seinem „Daimonion". Damit bezeichnete er etwas Göttliches, das nicht zu ihm, sondern in ihm sprach. Immer mehr verdichtete sich die griechische Götterwelt bei denkenden Menschen zu einem einzigen Gott, der, wie bei Platon mit seinem „höchsten Gut" und bei Aristoteles in seinem „ersten Beweger", schon mehr als eine Ahnung war. Bis dahin waren hinter allem die Götter gestanden. Und dann ein folgenschwerer Schwenk: Plötzlich ist auf dem Höhepunkt der griechischen Kultur der Gedanke da, dass der Mensch das Maß aller Dinge ist. Nicht mehr Gott und die Götter bestimmen also das menschliche Geschick, sondern der Mensch selbst. Die Geschichte zeigt aber auch, dass damit das große Griechenland am Ende seiner kulturellen Strahlkraft angekommen war.

In diese „Marktlücke" schlüpften geschickt die Römer, die viel weniger kulturell als politisch begabt waren. Sie traten das Erbe der Griechen an, obwohl sie den kulturell Überlegenen nie das Wasser reichen konnten. Aber sie dehnten ihren Staat über Griechenland, Kleinasien, Nordafrika und immer weiter gegen Norden zu den Germanen aus. Den Göttern gaben die Römer allerdings trotz eigener irdischer Leistungen ihr Recht, und sie waren vor allem auch tolerant genug, die Götter der unterworfenen Völker in ihren Götterhimmel aufzunehmen. Ob nicht Aberglaube dahinter stand, der die Götter der neuen Völker nicht vergrämen sollte?

In Palästina hatte sich währenddessen eine ganz neue Kraft entfaltet. Die Juden gehörten zum römischen Weltreich, hatten aber als einziges Volk erreicht, dass sie weiter ihren einzigen Gott Jahwe verehren durften, ohne die Götter der Römer übernehmen zu müssen. Dort trat Jesus Christus als Messias auf, der keinerlei weltliche Macht anstrebte, sondern ein Reich Gottes errichten wollte. Zunächst war es Ziel seiner Bewegung, eine Reform der verknöcherten und erstarrten jüdischen Religion zu erreichen. Als ihn die Juden aber ablehnten, beschritt er mit seiner Bewegung einen Weg, der nach seinem Tod und seiner Auferstehung immer mehr zu den Heiden führte. Viele von ihnen wurden gläubig, für sie galt bald – nach einer heftigen Auseinandersetzung beim Apostelkonzil – das jüdische Gesetz nicht mehr. So war eine neue kirchliche Gemeinschaft entstanden, die nach Jesus Christus als Christen bezeichnet wurde. Die Römer erkannten schnell, wie sehr diese neue Lehre ihre eigenen religiösen Ansichten gefährdete. Sie begannen die Christen zunächst brutal zu verfolgen. Drei Jahrhunderte waren diese in arger Bedrängnis, breiteten sich aber dennoch unaufhaltsam weiter aus. Nach der Schlacht an der Milvischen Brücke (312 n. Chr.) gab Konstantin der Große im Mailänder Toleranzedikt der Kirche 313 n. Chr. die Freiheit. Bald darauf war das gesamte Römische Reich christlich geworden. Gott war für dieses Herrschaftsgebiet nach christlicher Sicht der Dinge nun der feste Hintergrund.

Als die germanischen Stämme von Norden her immer stärker nach dem Süden drängten, hatte das römische Weltreich seine innere Kraft bereits verbraucht. Es kam zum Zusammenbruch dieses einst so großen Imperiums, das durch seine großartige Administratur noch erstaunlich lange existieren konnte. Das innerlich morsche Gefüge hielt dem gewaltigen Gewittersturm aus dem Norden aber nicht mehr stand. Es wiederholte sich, was nach dem Untergang der Griechen geschehen war: Die militärischen Sieger wurden von der Kultur der Unterworfenen besiegt. Das römische Erbe und die unverbrauchte moralische Kraft der Germanenstämme ließen ein neues Reich entstehen, das im Mittelalter eine gewaltige kulturelle Blüte hervorbringen sollte. Als Grundstein dieses neuen Reiches gilt die Kaiserkrönung von Karl dem Großen, die am 25. Dezember 800 in Rom erfolgte. Das Heilige Römische Reich Deutscher Nation war geboren.

Die Bedeutung der Klöster für das Werden Europas

Benedikt von Nursia und sein Klosterkonzept

Schon die Klostergründung Benedikts von Nursia im Jahr 529 n. Chr. ist ein gutes Beispiel dafür, dass der Geist jeder willkürlichen Zerstörung standhält. Das Kloster in Montecassino wurde nämlich in den Wirren der Völkerwanderung bald wieder zerstört. Benedikts Regel aber lebte in zahlreichen neuen Klostergründungen weiter.

Die Menschen mussten damals gespürt haben, dass die Regel, die Benedikt für sein Kloster geschrieben hatte, in dieser Zeit der Unruhe etwas Festes, gleichsam einen Anker, darstellte. Gemeint ist damit vor allem die Stabilitas loci, die „Beständigkeit am Ort", die bis heute als bleibendes tragendes Fundament unserer Gesellschaft gesehen wird.

Etwa hundert Jahre reiften Benedikts Grundgedanken in der Abgeschiedenheit der Klöster heran. Dort wurden sie gelebt und weitergegeben, bis sie dann in der karolingischen Klosterreform zur einzigen Regel für alle Klöster des Reiches wurden. In den folgenden zwei Jahrhunderten entwickelten die Klöster mit dieser Regel die neben der Bibel wichtigste Quelle für den christlichen Glauben.

Mönche lobten und priesen ihren Gott – Lieder und Gesänge von zeitloser Schönheit entstanden. Sie bauten Kirchen, Oratorien und Klöster, in denen seitdem gebetet, gearbeitet und gelebt wird. Damals entstanden auch die großen romanischen und gotischen Klöster und Kirchen, die noch heute von dieser gewaltigen kulturellen Kraft künden. Mönche rodeten Wälder, legten Felder an und bebauten sie. In den Klöstern richteten sie Werkstätten ein, in denen sie bald höchste Kunstfertigkeit erlangten. Dann kamen Erziehungsaufgaben hinzu, für die auch wissenschaftliche Arbeit nötig war. Die Klosterbibliotheken legen, soweit sie erhalten blieben, davon Zeugnis ab. Im Auftrag der Kirche wurden seelsorgliche Aufgaben übernommen. Durch das Wirken dieser Klöster konnte der den Germanen zunächst nur äußerlich aufgezwungene Glaube angenommen und verinnerlicht werden. Bis dahin bediente man sich nämlich häufig einer Vereinnahmung heidnischer Symbole. Ein Beispiel: Weil die frühchristlichen Missionare in der Bretagne wussten, dass die keltischstämmige Bevölkerung weiter ihre Menhire – wir kennen sie aus den Asterix-Bänden als Hinkelsteine – anbetete, „christianisierten" sie diese mannshohen Steine, indem sie einfach Kreuze hineinmeißelten. Es blieb den später entstandenen Klöstern vorbehalten, die Botschaft Christi in der Bretagne zu verbreiten.

Weiterhin war also Gott die eigentliche Mitte des Heiligen Römischen Reiches Deutscher Nation. Karl der Große hatte die Bedeutung der Regel Benedikts und dessen Klöster für sein Reich erkannt. Die Klöster waren für ihn ein großer kultureller Faktor. Er wollte, dass alle Klöster seines Reiches die Regel Benedikts annehmen, gründete ein Musterkloster, Inda bei Aachen (heute Kornelimünster), das fortan allen Klöstern des Reiches als Vorbild dienen sollte. In den folgenden zwei Jahrhunderten gab es nur Mönchsgemeinschaften, die nach der Regel des heiligen Benedikt lebten.

Die mittelalterliche Klosterlandschaft

Im 10. Jahrhundert entstand eine monastische Reformbewegung, deren Mittelpunkt Cluny im französischen Burgund war. Bald schlossen sich viele Klöster dieser Bewegung an, andere wurden im Sinne Clunys reformiert oder neu gegründet. Diese Klöster hatten großen Anteil daran, dass die germanischen Stämme den christlichen Glauben verstehen lernten. Cluny war auch in den Schwierigkeiten zwischen Kirche und Staat, im Investiturstreit, ganz wesentlich am Sieg der Kirche über die Einmischungen des Staates in kirchliche Bereiche beteiligt. Ein Clunyazensermönch hatte als Papst Gregor VII. das Wormser Konkordat erreicht, das der Kirche die Freiheit in der Besetzung ihrer Ämter zurückgab.

Dieses Cluny hatte sich aber nach und nach immer einseitiger entwickelt. Als Arbeit der Mönche wurde schließlich nur mehr das Gebet gesehen. Das „Ora et Labora" (Bete und Arbeite) Benedikts war zu einem einseitigen „Ora" geworden. Die Reaktion folgte bald: Eine Reformbewegung auf dem Boden der Benediktusregel führte zu einem neuen Orden, den Zisterziensern. Sie waren überzeugt, dass Benedikts Forderung, die Mönche sollten von ihrer Hände Arbeit leben, ganz wesentlich sei. Der Stern Clunys verblasste bald. Ein neuer Stern war aufgegangen.

Jede Epoche brachte in der Folge neue Probleme mit sich, die stets zu neuen Ordensgründungen führten. So entstanden im 12. und 13. Jahrhundert die Orden der Franziskaner und Dominikaner. Franziskus und Dominikus betonten gegenüber der öffentlich zur Schau gestellten Prunksucht der Kirche wieder die Armut. Später hat Ignatius von Loyola versucht, in den Glaubenskämpfen die Treue zu Rom wachzuhalten. Bei allen Wirren und Kämpfen im Mittelalter blieb aber nach wie vor Gott der eigentliche Mittelpunkt.

Mit den Franziskanern, Jesuiten und vor allem den Dominikanern verbindet sich eine traurige Tatsache in der Geschichte der Kirche: die Inquisition. Irrlehrer, Ketzer genannt, wurden wegen ihrer Gefährlichkeit für den Glauben vor geistliche Gerichte gestellt, die diesen Orden übertragen worden waren. Anfangs ging es um die Waldenser und Katharer, in Spanien gegen Juden und Mauren, die gewaltsam bekehrt werden sollten. Im deutschsprachigen Bereich fanden diese Gerichte nach der Reformation ein Ende. Die Inquisitoren konnten Strafen verhängen, die dann von staatlicher Seite vollstreckt wurden, von der Folter bis zur Todesstrafe. Wenn diese Erscheinungen auch aus der Zeit heraus zu erklären sind, können sie durch nichts gerechtfertigt werden und waren sicher nicht im Sinne Christi.

In unserer Gesellschaft werden solche Erscheinungen glücklicherweise nicht mehr als gottgewollt hingenommen. Denn hinter derartigen Praktiken steckt nicht Gott, so viel ist sicher, sondern wieder einmal der Mensch, der sich zum Herrn über Leben und Tod macht. Im Namen Gottes dünkt er sich als Maß aller Dinge. Dieses Maß setzt hier leider der Mensch – und nicht Gott.

Der Mensch wird das Maß aller Dinge

Humanismus und Renaissance

Im 16. Jahrhundert kamen neue Gedanken zum Tragen. Man dachte an die gute alte Zeit zurück. Nostalgisch träumte man vom Imperium Romanum, aber auch von einem großen, neuen Aufbruch. Man wollte eine Renaissance, eine Wiedergeburt der Antike, erreichen. Mit Blick auf die große Vergangenheit sollte Gewaltiges geschaffen werden.

Der Mensch versuchte den Dingen wissenschaftlich auf den Grund zu gehen. Man wollte nun wirklich alles bis ins Letzte durchschauen. Erasmus von Rotterdam etwa war mit der Textkritik der Heiligen Schrift bestrebt, den originalen Wortlaut der Bibel wiederherzustellen. Auch in Melk begann Johannes Schlittpacher von Weilheim mit einer Textkritik der Benediktusregel.

Mit dem Blick auf die Antike setzte der Bau neuartiger Kathedralen, Schlösser und Paläste ein. Städte wie Florenz und Rom wetteiferten durch ihre großartigen Bauten.

Die Zeit des Humanismus und der Renaissance brachte neben den angedeuteten gewaltigen Leistungen jedoch eine ganz neue Saite zum Klingen: Der Mensch wurde sich seiner Größe bewusst und nach Jahrhunderten war es wieder opportun zu behaupten, dass der Mensch das Maß aller Dinge wäre. In der Renaissance hatte man Gott noch klar vor Augen, dennoch wurde der Mensch immer mehr in den Mittelpunkt gerückt.

Auf dem Marktplatz von Florenz predigte der Dominikanerprior Savonarola gegen die Prunksucht der Kirche. Diese wollte ihn mundtot machen, indem sie ihm sogar den Kardinalshut anbot. Der Mensch aber, das beweist das Beispiel Savonarolas, hörte nicht mehr automatisch auf das Kollektiv, sondern auf sein Gewissen. Savonarola endete 1498 auf dem Scheiterhaufen. Heute haben Kritiker nicht mehr im Entferntesten so grausame Reaktionen zu befürchten. Was ich damit sagen will? Wir könnten heute ruhig öfter unsere Stimme erheben, wenn es uns das Gewissen rät. 20 Jahre nach Savonarolas Tod auf dem Scheiterhaufen wird Martin Luther der Legende nach auf dem Reichstag zu Worms (1521) die folgenschweren Worte sagen: „Hier stehe ich und kann nicht anders." Erneut war es ein einzelner Mensch, der mit Blick auf sein Gewissen einen klaren Weg ging. Wenn dieser Weg auch zur Kirchenspaltung führte: Immer noch war Gott der klare Mittelpunkt, der nicht nur durch die Kirche sprach, sondern auch durch das Gewissen des Menschen. Und dieser Mensch wurde sich einer Tatsache bewusst, die noch heute die Menschheit elektrisiert: „Ja, ich kann!" Ein ähnlicher Spruch hat erst kürzlich der Welt wieder Hoffnung gegeben. Wir alle kennen Barack Obamas Zauberwort: „Yes, we can!"

Die Zeit schreitet weiter: Neben der römisch-katholischen Kirche gibt es heute auch die evangelischen Kirchen, Zeugen Jehovas und eine Unzahl von Sekten. Ihnen allen ist gemein, dass sie uns etwas sagen wollen. Der Kampf zwischen Institution, die Rom betont, und der Geistkirche, die bei den evangelischen Christen im Vordergrund steht, ließ aber vergessen, dass im menschlichen Leben beides wichtig ist: das Innere genauso wie das Äußere. Ohne Institution kann der Mensch nicht leben, sein Leben aber würde ohne Verinnerlichung immer mehr zu einer traurigen Farce. Einseitigkeiten führen nie zum Ziel – und doch sind sie leider so typisch für den Menschen.

Der Rationalismus

War in der Zeit des Humanismus und der Renaissance das Gewissen wach geworden, wurde sich der Mensch im ausgehenden 17. und im 18. Jahrhundert seines Verstandes bewusst. Viele Fehler der Kirche und der weltlichen Herrscher riefen revolutionäre Kräfte auf den Plan. Der Ruf nach Freiheit, Gleichheit und Brüderlichkeit erschallte lautstark und führte, besonders in Frankreich, zu fürchterlichen Blutbädern. In Paris krönte man auf dem Hochaltar von Notre-Dame ausgerechnet eine Dirne zur Göttin der Vernunft.

Diese Gedanken brachten in Deutschland den Rationalismus, die Aufklärung, hervor. Der menschliche Verstand wurde absolut gesetzt und als einzige Erkenntnisquelle anerkannt. Auch in Deutschland kam es zu Kirchenverfolgungen, die Klöster wurden aufgehoben. Mithilfe des Verstandes, so war man überzeugt, würden bald alle menschlichen Probleme lösbar sein. Es sei nur eine Frage der Zeit, bis man alles im Griff habe. Ein Fortschrittsoptimismus sondergleichen führte zu gewaltigen wissenschaftlichen und technischen Leistungen. War jedoch in der Renaissance Gott an seinem Platz geblieben, so rationalisierte der Verstand im 18. Jahrhundert diesen Gott in den Köpfen der handelnden Persönlichkeiten immer mehr weg. Als ob man Gott einfach ausradieren könnte.

In Österreich fielen diese rationalistischen Gedanken gleichfalls auf fruchtbaren Boden. Sie erfassten allmählich die Hirne all jener, die an den Schalthebeln der Macht saßen. Schon unter Maria Theresia waren die Minister und Beamten weitgehend aufgeklärte Leute. Als Joseph II. seine Regierung antrat, kam der Rationalismus voll zum Tragen. Diese Gedanken waren ein wenig später nach Österreich gekommen, und es ist typisch für dieses Land, dass man nicht so radikal vorging wie etwa in Deutschland. Viele Klöster wurden zwar aufgehoben, aber längst nicht alle. Gott blieb weiter eine selbstverständliche Größe, aber der Glaube wurde immer mehr dazu umfunktioniert, dem Staat zu helfen. Und diese Aufgabe sollte der Glaube wirklich nicht übernehmen. Es kam damals praktisch zu einem Staatskirchentum. War die Aufklärung, in Österreich Josephinismus genannt, später und abgeschwächt nach Österreich gekommen, hielt sie sich dafür umso hartnäckiger. Auch die Mönche in den Klöstern und die Theologen waren allmählich zu Josephinern geworden, die das Geistesgut der Aufklärung in die Theologie und Verkündigung hineintrugen. Das ganze 19. Jahrhundert war in Österreich vom Josephinismus geprägt und diese Gedanken hielten sich weit bis in das 20. Jahrhundert. Während in Deutschland im Gefolge einer Gegenbewegung zum Rationalismus, der Romantik, bald wieder kirchlichere und religiösere Töne zu hören waren, dauerte es in Österreich wesentlich länger, bis spirituell motivierte kirchliche Reformbemühungen greifen konnten.

Immer wieder sind Menschen versucht, ihren Weg gleichsam auf Einbahnstraßen einzuschlagen. Diese Wege führen zu Einseitigkeiten. Der ganze Mensch mit all seinen Bereichen (Körper, Verstand, Emotionalität, Seele) ist wichtig. Dieser ganze Mensch sollte im Vordergrund stehen – und nicht nur der eine oder andere Bereich.

Der Mensch sieht seine Grenzen nicht

Wie bereits erwähnt, war über Jahrhunderte hinweg die Kirche stets eng mit dem Staat verbunden. Staat und Kirche bildeten quasi eine Einheit. Nach der Aufklärung wurden Spannungen zwischen diesen jedoch immer stärker. Die Staatsmacht versuchte immer mehr, die Unabhängigkeit der Kirche aufzuheben. Und die machte es dem Staat leider oftmals sehr leicht, denn sie bot als Institution häufig Angriffsflächen. Dabei wurde aber auch fast unbemerkt der Blick auf das Wesentliche – auf Gott – verstellt.

Die soziale Frage

Im 19. Jahrhundert kam ein weiteres Problem hinzu: die Industrialisierung. Die sozialen Verhältnisse in den Städten wurden schlechter. Immer mehr Menschen strömten in den urbanen Raum, weil sie hofften, dort ihren Lebensunterhalt besser bestreiten zu können. Die Eigentümer der Fabriken nützten dieses Überangebot an Arbeitskräften schamlos – um nicht zu sagen: gottlos – aus und bezahlten ihren Beschäftigten nur Niedrigstlöhne. Die Arbeiter wohnten in menschenunwürdigen Elendsquartieren. Die Kirche hat damals dieser Not kaum Beachtung geschenkt. Sie stand sogar eher auf der Seite der Arbeitgeber. Als einzige Entschuldigung könnte man dafür anführen, dass der Kirche noch die Französische Revolution und mit ihr das grauenvolle Blutvergießen in den Knochen steckte. Aber war es nicht auch die Not der Menschen, die die Französische Revolution erst möglich gemacht hatte? Und auch die Not der Menschen im 19. Jahrhundert wurde immer größer.

So musste es zu einer neuen Revolution kommen. Sozialistische und kommunistische Gedanken erfassten die Arbeiterschaft. Weil sich die Arbeiter von der Kirche verlassen fühlten, wandten sie sich von ihr ab und diesen neuen Bewegungen zu. Mit dem Kampf gegen die Kirche war auch der Kampf gegen Gott vorprogrammiert. Sozialismus und Kirche – das schien damals unvereinbar. Der Kommunismus in Russland wandte sich gegen den Glauben an Gott. Es war die Behäbigkeit der Kirche, die Karl Marx wohl bewog, einen Satz zu formulieren, den heute noch jeder Klassenkämpfer gerne zitiert: „Religion ist Opium für das Volk." In Russland wurde die Kirche lahmgelegt, in Deutschland und im übrigen Europa kam es zu Kulturkämpfen, in Österreich zu einem gewaltsam errichteten Ständestaat.

Diese Entwicklungen zeigen sehr deutlich, wie schwierig der Trennungsprozess zwischen Staat und Kirche inzwischen geworden war. Der Konflikt zwischen Kommunismus und Kirche erscheint mir aus heutiger Sicht fast sinnlos. Schließlich verfolgten beide Bewegungen theoretisch ähnliche Ziele. Allen voran die „Nächstenliebe".

Zwei Kriege und ihre Folgen

Zwei fürchterliche Kriege brachten das Gefüge Europas dann vollends ins Wanken. Es bildeten sich zwei große Blöcke: Fortan wurde nur noch vom Westen und vom Osten Europas gesprochen. Am deutlichsten zeigte sich die Tatsache daran, dass diese Entwicklung längst am Menschen vorbeiging, dass Deutschland willkürlich kurzerhand in zwei Hälften geteilt wurde. Österreich kam noch glimpflich davon. Wohl deshalb, weil es wegen seiner geringen Bedeutung 1955 wieder frei geworden war. Westdeutschland hatte sich nach seinem Zusammenbruch relativ rasch erholt, litt aber unter der Trennung. Mit der Auflösung des Ostblocks, der unter der Führung der Sowjetunion gestanden war, kam es ab 1989 zu einer völlig neuen Situation. Damit sind die äußeren Grenzen gefallen, in den Köpfen sind sie aber noch weiter gegeben.

Die Europäische Union

In Europa war der Gedanke eines Zusammenschlusses der Staaten immer stärker geworden. Das führte zur Bildung der Europäischen Union. Nach dem Ende des Ostblocks versuchten die ehemals kommunistischen Staaten ebenfalls von dieser Union aufgenommen zu werden. Gerade jetzt zeigen sich Probleme, die diese Union in große Schwierigkeiten bringen könnten. Der Zusammenschluss hatte vielen Ländern Hilfe gebracht, die Grenzen geöffnet, großen wirtschaftlichen Aufschwung ermöglicht. Jetzt geben wieder die Egoismen der Länder und vor allem der Wirtschaftreibenden den Ton an. Die Menschen sehen wieder einmal ihre Grenzen nicht.

Der geistige und gesellschafts-politische Umbruch nach dem Zweiten Weltkrieg

Die Säkularisierung

Nach dem Zweiten Weltkrieg war es praktisch in allen Staaten Europas zu einer Trennung zwischen Staat und Kirche gekommen. Die Kirche kann nicht mehr mit staatlicher Unterstützung rechnen, sie wird aber auch nicht davon abgehalten, frei und ungehindert ihren Aktivitäten nachzugehen.

Als weitere Folge der Entwicklung seit 1945 kam es zu großen Veränderungen der Sichtweisen in vielen Bereichen: Jede Macht war den Menschen suspekt geworden. Damit hat sich die Einschätzung der Autorität völlig gewandelt. Ebenso änderten sich gesellschaftliche Strukturen, die Sicht der Ehe, der Sexualität und vieles andere mehr. Das Wort der Kirche, vom österreichischen Bundeskanzler Bruno Kreisky immerhin noch als Gewissen des Staates bezeichnet, hat nicht mehr jenen Einfluss, der früher selbstverständlich gewesen war. Eine große Verweltlichung, Säkularisierung, vollzieht sich vor unseren Augen. Wenn auch ideologische Schwierigkeiten zwischen der Kirche und den politischen Parteien praktisch nicht mehr gegeben sind – eine positive Folge der Trennung von Kirche und Staat –, hat die Kirche dennoch viel an Ansehen verloren. Damit ist jene Instanz an den Rand gedrängt worden, die den Glauben an Gott, die Frohe Botschaft, verkündet.

Diese Entwicklungen stellten die Kirche vor erhebliche Probleme. Die institutionelle Kirche wollte mit aller Kraft retten, was zu retten war. Papst Johannes XXIII. hat mit dem Zweiten Vatikanischen Konzil den Versuch unternommen, die Frohe Botschaft für Menschen unserer Zeit verständlich zu machen. Es war zu einem kurzen hoffnungsfrohen Aufbruch gekommen, der jedoch bald wieder in arge Bedrängnis geriet. Progressiven Kräften, die einen neuen Aufbruch in unsere Zeit hinein suchen, stehen konservative, leider oft fundamentalistische Kräfte entgegen. Der Priestermangel verschärft die Situation, die in den nächsten Jahren noch viel härter werden wird. Wenn die Gebete um Priesternachwuchs nicht erfüllt werden – woran mag das wohl liegen? Ob Gott nicht will, dass wir unbedingt neue Wege überlegen müssen, um die Verkündigung der Frohen Botschaft zu gewährleisten (siehe Abschnitt: „Wenn Träume Visionen werden“)?

Bei aller Distanz zu kirchlichen Institutionen, bei aller Säkularisierung, ist jedoch ein großes spirituelles Bedürfnis der Menschen nicht zu leugnen. Viele Getaufte haben sich de facto von der Kirche verabschiedet. Dass diese Mitmenschen dem Glauben dennoch nicht abgeschworen haben, ersieht man daran, dass die meisten von ihnen religiöse Gebräuche beibehalten haben. Obwohl sie der Kirche mit großer Skepsis begegnen, ist die Sehnsucht nach ihr spürbar. Bei einer total verweltlichten Lebensweise taucht trotzdem immer wieder die Frage nach dem letzten Sinn menschlichen Lebens auf: „Irgendetwas muss es doch geben.“ Die fundamentalistischen Bestrebungen wollen mit aller Kraft verstandesmäßig am Althergebrachten festhalten. Esoterische Angebote wieder suchen rein emotionale Zugänge zu den Menschen. Vieles davon erinnert allerdings oft eher an den Aberglauben. Weshalb sie es wohl nie wirklich schaffen, die Oberfläche der Spiritualität eines aufgeklärten Menschen zu durchdringen.

Ob nicht auch da – in der kirchlichen Gemeinschaft – der Mensch alles zu bestimmen versucht und Gott nicht mehr als die eigentliche Mitte gesehen wird? In welche Richtung auch immer die einzelnen Gruppen sich bewegen, immer wieder klingt es an: Der Mensch ist wichtig, es geht um den Menschen, aber der Mensch kann nicht allein bestimmen, was recht ist, welche Wege richtig sind. Wenn der Mensch allein alles festlegen will – ob im Staat, ob in der Kirche, ob im ganz persönlichen Lebensbereich –, kommt es zu all den geschilderten Entwicklungen, die eine Gesellschaft eigentlich an den Rand des Unterganges bringen.

Unsere heutige Welt

Wir leben heute in einer zerrissenen Welt, in der es so schön sein könnte und dennoch oft überhaupt nicht gut ist. Es gibt Reiche und Arme, Satte und Hungernde. In manchen Ländern leben die Menschen recht gut und zufrieden, obwohl auch dort noch Arme und Unterprivilegierte auf Hilfe angewiesen sind. In anderen Ländern herrscht Armut und bitterste Not. Die Weltbevölkerung wächst vor allem in den ärmeren Gebieten. Wie soll das weitergehen? Die Finanzkrise dieser Tage lässt selbst den Bewohnern wohlhabender Staaten angst und bange werden. Früher wusste man vieles nicht, was sich in entfernten Gegenden begab. Heute können wir durch die Massenkommunikationsmittel alles zeitgleich mitverfolgen, was sich im letzten Zipfel der Erde ereignet. Wenn irgendwo Hungersnöte herrschen oder Naturkatastrophen hereinbrechen, wird weltweit geholfen, und doch ist das alles oft nur ein Tropfen auf den heißen Stein. Es gibt sogar immer wieder Menschen, die sich selbst an solchen Hilfsaktionen bereichern. Dabei stellt sich angesichts der aktuellen Finanzkrise noch eine ganz andere Frage: Wird in Zukunft Hilfe für Notstandsgebiete überhaupt noch möglich sein?

Zu allen Zeiten lebten Menschen, die sich Macht aneignen konnten und diese Macht skrupellos ausübten, um andere Menschen und Völker zu unterdrücken. Die Geschichte liefert Beispiele in großer Menge und Vielfalt. „Viel Furchtbares gibt es, nichts ist furchtbarer als der Mensch", sagt Sophokles im „König Ödipus". Das ist der Mensch, der nur sich sieht und mit seinen

Fähigkeiten und Möglichkeiten jede Moral und Ethik hinwegfegt – weil er keine Grenzen kennt.

Durch den Fortschritt der Wissenschaften und Technik, der sich im Gefolge des Rationalismus eingestellt hat, wurden Dinge möglich, die zuvor als höchst unwahrscheinlich galten. All das konnte Unglück und Leid verhindern. Dieser Fortschritt brachte es aber auch zustande, dass viele von uns besser leben konnten – in gleicher Weise entstand aber unsagbares Elend, das theoretisch sogar den Untergang der Menschheit bewirken könnte. Man ist versucht, an den im Alten Testament beschriebenen Turmbau von Babel zu denken: Die Menschen hatten ein großes kulturelles Niveau erreicht. Sie konnten mit gebrannten Ziegeln und Erdpech eine Stadt bauen, wie sie zuvor in den kühnsten Träumen nicht für möglich gehalten worden war. Also wollten die Menschen einen Turm errichten, der bis zum Himmel reicht. Der Turm stürzte ein, die Menschen konnten einander plötzlich nicht mehr verstehen. Angesichts dieser Bibelgeschichte kann einem auch angst und bange werden, wenn man von Bauprojekten liest, die in jenen Ländern betrieben werden, die derzeit am allermeisten vom Turbokapitalismus profitieren: China und Dubai. Dort werden bereits Türme geplant, deren Höhe 1000 Meter übersteigen soll. Die Baumeister sagen sich wohl: „Wir haben das Knowhow." Aber haben sie auch das „Know-why"?

Wenn man sieht, wie Vertreter der Wissenschaften ihre Grenzen nicht mehr anerkennen, sich Schöpferkraft anmaßen, wird deutlich, dass die Dinge den Menschen entgleiten und die Wissenschaften allmählich beginnen, wirklich alles bestimmen zu wollen. Genmanipulation und Freigabe der Abtreibung sind nur zwei Beispiele. Weil noch dazu jede Forschung sehr viel Geld kostet, wird die Wirtschaft, die dieses aufbringen soll, immer bestimmender, brutaler. Heute macht sich die Wirtschaft ihre eigenen Gesetze, bildet ihre eigenen Institutionen, die festlegen, was gut und richtig ist. Wir brauchen nur an die Klimasituation zu denken. Merkt der Mensch gar nicht mehr, wie sehr er sich selbst immer mehr wegrationalisiert, wie Computer und Roboter ihn ersetzen? Nachdem der Mensch es in vielen Bereichen geschafft hat, Gott auszuradieren, ist es ihm jetzt auch möglich geworden, etwas gänzlich Unvorstellbares zu unternehmen – nämlich sein „Menschsein" auszulöschen.

Wenn man bedenkt, dass wir so im Grunde ständig auf einem Pulverfass sitzen, weil Terrordrohungen und Anschläge überall passieren und immer wieder viele Unschuldige davon betroffen sind, wenn man weiter bedenkt, wie in den verschiedenen Krisengebieten der Erde ständig Kämpfe losbrechen können, wie unzählige Krisenherde jederzeit zu Flächenbränden führen können – da müsste eigentlich jeder längst von blankem Entsetzen befallen sein.

Gibt es einen Weg? Hat unser Leben trotz allem einen Sinn? Ist es angebracht, pessimistisch zu sagen, dass es einfach so ist und man nichts dagegen machen kann? Geht die Welt ihrem Untergang entgegen? Sollen wir einfach die Zeit, die wir noch zum Leben haben, ausnützen und dabei herausholen, was noch möglich ist? Ist das ein Weg, der einem Menschen Mut macht? Ein Weg, der ihm Erfüllung seines Daseins verspricht?

Ein Stein in der Mitte

In meiner Heimatstadt Melk wurde während des Nationalsozialismus eine frühere Kaserne zu einer Zweigstelle des ehemaligen
Konzentrationslagers Mauthausen umfunktioniert. In der Nähe
von Melk sollte ein Stollen in einen Sandberg gegraben werden,
damit dort die Steyr-Werke mit ihrer Rüstungsproduktion ge-
sichert unterkommen könnten.

Ich war damals ein Bub von etwa 14 Jahren. In den ersten
Kriegsjahren hatten wir immer von den großen Erfolgen der deutschen Wehrmacht gehört. Eine Sondermeldung jagte die andere.
Allmählich wurden die Sondermeldungen weniger, die Flieger-
angriffe der Amerikaner am helllichten Tag und die der Briten in
der Nacht ließen die Ängste größer werden. Wo blieb er nur, der
von den Nazis ständig herbeigeplärrte „Endsieg"?

Als die Häftlinge nach Melk kamen, hatte sich das Blatt schon
gewendet. Die Amerikaner und die Briten auf der einen Seite, die
Sowjets auf der anderen, rückten immer näher. Tag für Tag trie-
ben Angehörige der Waffen-SS die Häftlinge von der Kaserne zum
Bahnhof. Von dort wurden sie in den Stollen zur Zwangsarbeit
gebracht. Immer wieder musste ich den traurigen Zug sehen: Bar-
fuß, mit leichten Häftlingskleidern, sommers und winters gleich,
wurden sie getrieben. Die Schwachen wurden mit Gewehrkolben
geschlagen, wenn sie nicht aufschließen konnten. Damals wurde
uns noch eingehämmert, dass es sich bei diesen Menschen um
höchst gefährliche Kriminelle handelte; erst später erfuhr ich,
dass es politische Häftlinge gewesen waren. Ich erinnere mich
noch ganz genau, dass ich mir damals sagte: „So kann man auch
mit den ärgsten Verbrechern nicht umgehen." Und ich begann –
es war im Jahre 1945, knapp vor Ende des Krieges – Schwarz-

sender zu hören. Das war ein höchst gefährliches Unternehmen. Immerhin hätte es meinen Eltern die Verhaftung einbringen können. In meiner Erinnerung habe ich noch immer die Nachricht dieses Senders von der Konstituierung der Zweiten Republik am 27. April 1945 gegenwärtig – so als ob es erst gestern gewesen wäre.

Bald darauf kamen die Sowjets. Wieder musste ich grausame Tage erleben. Ich hörte das Schreien vergewaltigter Frauen, die im Stift Zuflucht gesucht hatten. Musste das so sein? Das war in den ersten Nachkriegstagen. Dann wurde es ruhiger. Für uns Kinder kam damals eigentlich eine tolle Zeit: keine Schule! Ich erinnere mich, dass wir alles getan haben, was Gott und Welt verboten hatten. Wir spielten mit Munition. Was da hätte passieren können – und manches geschah leider auch. Damals erforschten wir die Dächer des Stiftes. Was mir später als Abt übrigens sehr zugute kam. Weil ich mich dort oben bestens auskannte, als es diese Dächer zu erneuern galt. Wir machten die Donauauen unsicher. Es war eine herrliche und ungebundene Zeit. Die sowjetischen Soldaten waren, wenigstens zu uns Kindern, sehr lieb. Dabei waren sie in unseren Vorstellungen Untermenschen gewesen. Weil uns das die Nazi-Propaganda eingebläut hatte. Mir dämmerte damals eine Weisheit, die bis heute ihre Gültigkeit hat: Dass es eben unter allen Menschen solche und solche gibt.

Wie gesagt, es war für meine Freunde und mich eine wunderschöne Zeit. Dabei lag alles danieder. So vieles war zerstört, alles war knapp. Wir hatten gerade genug zum Leben. Jetzt werden Sie sich fragen, wie man so eine Zeit als „wunderschön" bezeichnen kann. Die massentaugliche Antwort auf diese Frage lieferte ein ebenfalls wunderschönes Lied von Kris Kristofferson etwa 20 Jahre später. In „Me and Bobby McGee" sang er: „Freedom is just another word for nothing left to loose". Nicht, dass ich jemals jemandem diese Ausgangsposition wünschen würde: Aber wenn man diese Erfahrung einmal gemacht hat, dann betrachtet man das Leben wohl mit anderen Augen.

Eines war mir damals auf jeden Fall so klar wie sonst nichts: Der Krieg ist zu Ende, und nach all dem, was geschehen ist, wird niemals mehr jemand ein Gewehr in die Hand nehmen, um auf Menschen zu schießen. Und doch ging es wieder so weiter. Muss es immer so sein, dass alles so schön sein könnte und dass dann einer gegen den anderen aufsteht, nur um alles wieder zusammenzuschlagen, dass Kinder immer wieder auf Trümmern und Ruinen spielen müssen?

Der russische Schriftsteller Alexander Solschenizyn erzählt in seinem „Archipel Gulag": Als sowjetischer Offizier ausgebildet, war er ursprünglich linientreuer Kommunist, hatte aber die menschenverachtende Haltung Stalins erkannt und Briefe gegen das Regime geschrieben. Deshalb wurde er verhaftet. Ein Unteroffizier hatte ihn ins Gefängnis zu führen, zusammen mit einem Deutschen und sieben Russen. Dieser Unteroffizier bedeutete ihm, er solle seinen Koffer nehmen. Solschenizyn antwortete: „Der Deutsche soll ihn tragen." Auch die Russen mussten seinen Koffer während des Marsches tragen, der Herr Offizier nicht. Nach einigen Monaten im Gefängnis wurde ihm bewusst, wie unmöglich er damals gehandelt hatte. Man hatte ihn verhört und gefoltert. Ursprünglich hatte man ihm angeboten, Geheimdienstoffizier zu werden. Dann wäre er aber doch so wie jene, die ihn jetzt quälen. Da fiel ihm ein russisches Sprichwort ein: „Gut und Böse sind nur einen Windhauch voneinander entfernt." Es wurde ihm bewusst, dass der Strich zwischen Gut und Böse mitten durch das Herz eines jeden Menschen geht – und dieser Mensch soll das Maß aller Dinge sein?

Waren alle Nationalsozialisten schlecht? Waren alle Russen Untermenschen? Und doch musste so viel Blut fließen, fürchterliche Not kommen. Der Mensch sieht seine Grenzen nicht.

Es gibt eine Legende um den heiligen Benedikt: Beim Bau des Klosters Montecassino stießen die Mönche auf einen Stein, den sie trotz größter Anstrengung und herbeigerufener Hilfe nicht heben konnten. Sie riefen Benedikt. Auf dessen Gebet und Segen hin ließ sich der Stein spielend leicht wegschaffen. Die Mönche gruben an dieser Stelle weiter und fanden ein Götzenbild. Jetzt wussten sie, warum der Stein nicht wegzubringen gewesen war: Der böse Feind hatte es verhindert. Man hatte also einen Schuldigen. Voller Verachtung warfen sie das Götzenbild weg und es fiel in einen sehr sensiblen Bereich – in die Küche. Da schien es ihnen, als brenne die Küche. Großer Lärm entstand, den Benedikt hörte. Er kam und sah, dass es nur in den Augen der Brüder brannte und nicht in Wirklichkeit. Er öffnete ihnen die Augen und sie bemerkten, dass sie sich den Brand nur eingebildet hatten.

Ich sehe in dieser Legende ein grandioses Bild für Situationen in unserem menschlichen Miteinander. Da geht etwas nicht. Man weiß nicht, warum, aber es geht nicht. Man sucht nach Schuldigen, bildet sich alles Mögliche und Unmögliche ein, Vorurteile kommen auf, Verurteilungen werden ausgesprochen. Benedikt rückt durch sein Gebet und seinen Segen aber Gott in die Mitte. Wenn Gott die Mitte ist, wird der Blick für das Ganze wieder frei. Für gläubige Menschen zeigt sich in Gott ein Weg, die Dinge zu sehen, wie sie sind, dass nicht nur die eigenen Vorstellungen die Wirklichkeit zeigen, sondern dass auch die Sichtweisen unserer Mitmenschen zu bedenken sind. Auch jemand, der nicht glauben kann, hat ein Gewissen, das ihm den Blick für das Ganze wieder freigeben kann. Ein Querverweis zu Sokrates scheint mir hier durchaus angebracht. Das Gewissen haben wir in uns. Wir werden mit einem reinen Gewissen geboren. Daran glaube ich. Uns wird also – frei nach Sokrates – zweifellos etwas Göttliches mit auf den Weg gegeben. Dieses Gottesgeschenk sollten wir hegen und pflegen – und niemals beiseitestellen oder gar verleugnen.

Der Weg Benedikts

Ein fester Boden in den Stürmen der Zeit

Als der heilige Benedikt sein Kloster gründete, gab es höchst gefährliche Umstände: Das römische Weltreich war zusammengebrochen, die Völkerwanderung hatte das Gefüge dieses Reiches völlig durcheinandergebracht. Überall herrschten Unruhe und Unsicherheit.

Benedikt baute sein Kloster als eine Stadt auf dem Berg an einem festen Ort. Seine Mönche legten ein eigenes Gelübde ab, dass sie an einem festen Ort und in einer festen Gemeinschaft leben wollten: „Stabilitas loci et in congregatione", „Beständigkeit am Ort und in der Gemeinschaft" (RB 4, 78).

Fast 1500 Jahre später leben wir ebenfalls in einer Welt, in der nichts fest ist. Wissenschaft und Technik sind zu großen Leistungen fähig. Sie können zum Heil der Menschen führen – aber auch zum Unheil. Da bedürfte es einer Unterscheidung der Geister, eines Ruhepunktes des Geistes, dass eine einzige Sprache gesprochen wird, die alle verstehen. Die Sprachenverwirrung hat bereits gigantische Ausmaße angenommen. Gut: Es gibt Dolmetscher, die alles übersetzen; bei Kongressen wird auch schon simultan übersetzt – fast in Echtzeit. So kann jeder Teilnehmer alles, was gesprochen wird, mit einer sehr kurzen Zeitverzögerung verstehen. Man versteht einander aber trotzdem nur in den seltensten Fällen.

In meinem Kloster wird ein Heiliger aus der Babenbergerzeit verehrt – Koloman. Die Legende berichtet, dass dieser irische Königssohn in den Anfängen der Ostmark, als alles noch unsicher war und es immer wieder Einfälle von Magyaren gab, auf seiner Wallfahrt ins Heilige Land nach Stockerau gekommen sei. Weil er

Keltisch sprach, verstand man ihn nicht und hielt ihn für einen Spion. Man machte kurzen Prozess und erhängte ihn an einem dürren Holunderstrauch. Die Legende weiß nun, dass dieser Strauch zu blühen begonnen habe, das war nach dem Glauben der Zeit der Erweis der Heiligkeit des Opfers. Die Babenberger brachten den Märtyrer in ihre Burgkirche nach Melk (1014). Ich hatte immer Probleme, Koloman als Märtyrer anzusehen. Für mich war er ein Mensch, der aus Versehen und aus Angst getötet worden ist, ohne dass er ein besonderes Glaubenszeugnis gegeben hätte. Als ich das erste Mal als Abt an seinem Festtag zu predigen hatte, kam mir der Gedanke: Vielleicht ist er ein moderner Heiliger? Weil man ihn nicht verstand. So wie heute die Menschen einander so oft nicht verstehen.

Man versteht den anderen nicht, redet aneinander vorbei. Eine Meinung steht gegen die andere. Die Meinungsvielfalt führt im Grunde zu einer Meinungslosigkeit. Man hört vielfach nicht mehr aufeinander, versucht nicht zu verstehen. Wo gibt es Wegweisung, wo gibt es ein Miteinander? Orientierungslosigkeit steht auf der Tagesordnung. Standortlosigkeit erzeugt größte Unsicherheit. Daraus resultieren Ängste, die wieder zu einem heil- und ziellosen Herumschlagen führen. Die Stabilitas loci Benedikts könnte als Beständigkeit im geistigen Sinn aufgefasst werden. Bei der Völkerwanderung der Geister täte ein Halt gut, von dem aus man zu festen Ufern unterwegs sein könnte.

Benedikt war ein Suchender

Wir werden in diese Welt hineingeboren, wachsen heran und gestalten unser Leben immer mehr nach unseren Vorstellungen, sind auf der Suche nach einem Sinn im Leben, werden dabei ständig verlockt, uns gehen zu lassen, langsamer zu werden, vielleicht überhaupt stehen zu bleiben.

Benedikt war nicht von Anfang an der große Mönchsvater, der Heilige. Er wurde von seinen Eltern nach Rom zum Studium geschickt. Doch das Rom der Völkerwanderung mit all seinem wilden Durcheinander ließ ihn dort nicht froh werden. Bald verließ er die Stadt und zog sich in die Waldeinsamkeit nach Subiaco zurück. Dort nahm er das Mönchsgewand und lebte drei Jahre nur für sich und seinen Gott. Wir haben allen Grund anzunehmen, dass er dort glücklich und zufrieden war.

Offensein für neue Wege

Ob es der Wille Gottes war, dass er nur für sich lebte? An einem Ostersonntag kam der Legende nach ein Priester aus der Nachbarschaft zu Benedikt. Er machte ihm bewusst, dass das Fest der Auferstehung des Herrn sei, an dem man nicht fasten dürfe, und sie hielten gemeinsam ein frohes Ostermahl.

Bald wurden Hirten in der Nachbarschaft auf den Einsiedler aufmerksam und fragten ihn um eine Wegweisung. Benedikt musste erfahren, dass die Menschen ihn brauchen.

Es gibt eine Legende um den jungen Benedikt: Nachdem der Abt eines in der Nähe gelegenen Klosters gestorben war, wollten die Mönche den inzwischen bekannt gewordenen Benedikt zum

Abt haben. Der wehrte sich dagegen und erklärte, dass er zu streng sei, doch die Mönche beharrten darauf. Nachdem er Abt geworden war, war er wirklich zu streng. In seiner Gewissenhaftigkeit verlangte er den Mönchen das ab, was er selbst lebte, er legte ihnen sein Maß auf. Das konnte nicht gut gehen. Die Legende erzählt, dass man ihn vergiften wollte. Er habe das Kreuzzeichen über dem Becher mit vergiftetem Wein gemacht, der Becher sei zersprungen. Benedikt zog weg. Er musste zur Kenntnis nehmen, musste lernen, dass er sein Maß nicht allen anderen anlegen konnte. Es kann nie gut gehen, wenn man anderen sein Maß anzulegen versucht.

Im Hinhören auf Gott und die Menschen findet Benedikt seinen Weg

Mit gleichgesinnten Gefährten geht Benedikt hinauf auf den Berg, den Monte Cassino, und baut anstelle des dortigen Apollotempels ein Kloster. 529 n. Chr. gilt bekanntlich als Gründungsjahr von Montecassino. Ein interessanter Synchronismus: Im Jahr 529 schließt die Platonische Akademie in Athen, ein geistiges Zentrum des Abendlandes, ihre Pforten. Im selben Jahr entsteht das erste Benediktinerkloster, das einige Zeit später ein neues geistiges Zentrum werden sollte.

Für dieses Kloster schreibt Benedikt eine Regel. Diese lässt erkennen, wie sehr Benedikt aus seinen bisherigen Erfahrungen gelernt hat: Barmherzigkeit sei wichtiger als strenges Gericht. Der Abt solle Fehler hassen, aber jene, die sie begehen, solle er lieben. Bei Zurechtweisungen gehe er nie zu weit, damit er das Gefäß nicht zerbreche, wenn er es allzu eifrig vom Rost zu reinigen versucht; er soll in allem Maß halten, damit die Starken finden, wonach sie verlangen, und die Schwachen nicht davonlaufen (RB 64, 10–12; 19). Die Regel bringt eine klare Ordnung, deren Umsetzung sehr viel Fingerspitzengefühl verlangt. Der gewissenhafte Benedikt hatte lernen müssen, dass menschliche Schwächen anders betrachtet werden müssen, nämlich dass man nicht von allen das Gleiche verlangen kann.

Die Regel lässt auch in anderen Bereichen erkennen, wie Benedikt auf seine Mitmenschen hört und auf sie eingeht. Benedikts Klosterkonzept sah einen Abt vor, dessen Vertretung für je zehn Mönche ein Dekan haben sollte. Die Mönche aber wollten bei Abwesenheit des Abtes einen einzigen Vertreter haben. Benedikts Meinung war eine ganz andere, er geht aber auf seine Brüder ein und gibt ihnen als alleinigen Stellvertreter einen Prior. Aus dem Wortlaut der Regel spürt man sehr deutlich, dass sich Benedikt dabei wahrlich nicht leichttut (RB, 65).

Wenn Benedikt bei wichtigen Angelegenheiten alle Brüder um Rat fragt (RB, 3), wenn fremde Mönche Kritik anbringen dürfen (RB, 61), so zeigt sich auch darin seine Bereitschaft, auf andere zu hören.

Benedikt war ein Lernender und blieb doch derselbe Mensch

Bei all seinem Lernen, bei all seinem Suchen, blieb Benedikt derselbe gewissenhafte Mönch. Eine Legende um seine Schwester Scholastika lässt das sehr deutlich werden: Die beiden trafen einander jedes Jahr auf einem ländlichen Anwesen in der Nähe Montecassinos. Bei ihrem letzten Treffen spürte Scholastika, dass sie nicht mehr lange zu leben habe. Die Geschwister redeten den ganzen Tag miteinander. Abends jedoch erklärte Benedikt seiner Schwester, er müsse jetzt nach Hause gehen, die Ordnung des Klosters rufe nach ihm. Da bat sie ihn inständig, er solle doch bleiben, sie brauche ihn. Als er unerbittlich bei seinem Vorhaben blieb, flehte sie Gott um Hilfe an. Da zog ein heftiges Gewitter auf, sodass Benedikt das Haus nicht verlassen konnte. Der Heilige verstand immer noch nicht: „Frau, was hast du getan? Der allmächtige Gott möge dir verzeihen!" Da sagte Scholastika: „Ich habe dich gebeten und du hast nicht gewollt, nun habe ich meinen Gott angefleht und der hat mir geholfen. Geh nur, wenn du kannst!"

Er muss lernen, dass die noch so wichtige Ordnung unwesentlich wird, wenn Liebe gefragt ist. Benedikt hatte schon so viel gelernt, meinte aber, wenn es um ihn selbst gehe, dürfte er nicht nachgeben. Ähnliche Gewissensbisse plagten auch mich, als ich als Novize die kranke Frau am Straßenrand sah und wir von unserem Novizenmeister zum Gebet in das Kloster zurückgetrieben wurden. Die Frage, die sich dabei aus heutiger Sicht stellt, lautet: Muss immer erst ein Blitz neben mir einschlagen, damit ich auf mein Gewissen, das ich heute als gottgegeben betrachte, höre?

Benedikt muss lernen – bis an sein Lebensende

Einige Tage vor seinem Tod war Benedikt des Nachts auf den Turm seines Klosters gestiegen, um zu beten. Aus der Höhle als Einsiedler war er vor langer Zeit nach Montecassino gekommen, war auf den Berg gestiegen, und jetzt noch auf den Turm hinauf, immer näher seinem Gott. Er stand in stockdunkler Nacht an einem Fenster und betete. Da erblickte er, so berichtet die Legende, ein ganz helles Licht und er sah Gott und die Welt in einem. Wie immer man diesen Bericht deuten will: Es handelte sich um eine ganz große Gotteserfahrung. Viele solcher Erfahrungen hatten ihn seinem Gott nähergebracht. Die ganz große Erfahrung machte er erst am Ende seines Lebens. Er musste immer wieder neu beginnen, es immer wieder „anders machen".

Als meine Zeit als Abt zu Ende ging, richtete ich mir eine Wohnung ein. Sie liegt genau über der Prälatur, in der ich als Abt 26 Jahre gewohnt hatte. Da dachte ich an die eben erzählte Legende: „Jetzt kommst auch du dem lieben Gott näher und wirst auch da weiter lernen müssen." Es war nicht einfach, loszulassen. Wenn es früher gegolten hatte, wichtige Gäste zu empfangen, war mir das ganze Getue solcher Empfänge immer lästig gewesen. Wenn man es mir später nicht einmal sagte, wenn jemand Besonderer kam, war ich anfangs leise gekränkt. Ich konnte bald nachher über mich selbst lächeln, aber ich musste erfahren, dass ich nicht mehr so wichtig bin.

Mein ganzes Leben hindurch musste ich Erfahrung um Erfahrung machen. Sie alle zeigten mir, worauf es wirklich ankam. Einiges davon wird noch anklingen: „Mach es anders!"

Die Regel Benedikts beginnt mit den Worten: „Höre, mein Sohn, auf die Weisung des Meisters und neige das Ohr deines Herzens ..." (RB, Pr. 1). Dieses ganzheitlich menschliche Hinhören ist wesentlich, um gute Wege zu finden und zu gehen.

Wenn wir geboren werden, leben wir im Bereich unserer Familien und müssen das Leben lernen: Essen, Trinken, dass wir nicht allein sind, sondern mit anderen Menschen leben, wir müssen lernen, zu hören, zu reden, Rücksicht zu nehmen, Freude zu erfahren und zu bereiten, Schmerz zu ertragen.

Wir gehen in die Schule und lernen, je nach unseren Gegebenheiten, was wir für unser Leben brauchen. Wir machen bestimmte Ausbildungen und können allmählich unser Leben selbst in die Hand nehmen. Wir ergreifen einen bestimmten Beruf, gründen eine Familie und einen Hausstand. Dann haben wir das Gefühl, dass alles gelaufen ist, dass wir unser Leben im Griff haben.

Wenn man meint, man sei nun im Wesentlichen fertig, so ist das ein großer Irrtum. Wir kommen immer wieder in neue Situationen, lernen neue Menschen kennen, werden älter und damit wird manches anders. Da ist es so wichtig, dass man offen bleibt für alles und jedes, was das Leben uns bringt, uns abverlangt. Man ist einfach nie fertig.

Benedikts Leben zeigt so lebendig, was da nicht alles reifen kann, was möglich ist, was in uns steckt, wie man sich selbst viel besser und bewusster verwirklicht. Für ihn ist das Weiterschreiten im Miteinander und im Glauben so wesentlich. Das Leben behält damit eine gewisse Dynamik. Es ist und bleibt interessant.

Manche Menschen streben einem gewissen Höhepunkt zu und dann legen sie geistig gleichsam die Hände in den Schoß: Es klappt alles, es nimmt alles seinen guten Lauf. Was ist jetzt noch interessant? Zum faden Spießbürger ist es nicht mehr sehr weit.

Andere wiederum spüren es in einem gewissen Alter. Sie haben dann das Gefühl, etwas versäumt zu haben, suchen krampfhaft – und oft nicht sehr vernünftig – anderswo: die berühmte Midlife-Crisis. Bei anderen treten mit Antritt der Pension Leerlaufgefühle auf. Plötzlich wissen sie nichts mehr mit sich selbst anzufangen, dabei könnten gerade ältere Menschen immer noch sehr viel lernen. Man ist erfahrener geworden, vielleicht auch ein wenig weiser. Es gäbe so vieles, das froh macht und lebenswertes Leben schenkt.

Wenn man nicht nur körperlich, sondern auch geistig langsamer wird, besteht die Gefahr, dass man ganz stehen bleibt. Es ist schon so, wie es der als sehr kirchenkritisch bekannte bayerische Künstler Konstantin Wecker singt: „Doch bleib nicht liegen, denn sonst gräbt sich etwas fest in deinem Hirn, was dir irgendwann den Mut zum Atmen nimmt." Das gilt übrigens nicht nur für ältere Menschen, sondern für alle in ihren jeweiligen Lebensphasen. Es ist doch einfach schön, interessant und erfüllend, wenn man in Bewegung bleibt, wenn man lebt – und ein Leben lang nie liegen bleibt.

Bei einem Gottesdienst mit jungen Leuten, vor vielen Jahren, schrieb ein Mädchen (heute verheiratet, Mutter zweier lieber Kinder und im Übrigen eine sehr begabte Sängerin) eine kleine Geschichte. Ich möchte sie hier vorlegen.

Auf der Suche

Ein junger Mann beschloss eines Tages, sich auf den Weg zu machen, um nach dem Paradies zu suchen. Er eilte durch viele Länder und war verzweifelt, dass er nirgends auch nur die kleinste Andeutung, nirgends den kleinsten Schimmer vom so sehnsüchtig gesuchten Paradies sehen konnte. Er wollte schon fast aufgeben, da traf er einen Blinden. Diesen Blinden fragte er: „Weißt du, wo ich das Paradies finden kann?" Der Blinde erwiderte: „Geh und suche Farben. Halte nach ihnen Ausschau. FARBEN sind das Paradies!"

Der junge Mann wusste nicht viel damit anzufangen. Es war ihm zu wenig, nur nach Farben zu suchen. Er ging weiter und traf einen Tauben, welcher ihm erklärte, er könne das Paradies nur dann finden, wenn er Töne und Melodien fände – und diese MELODIEN seien das Paradies.

Der junge Mann ging weiter und traf zu guter Letzt einen Stummen. Nachdem er auch diesen gefragt hatte, wo er denn hingehen müsse, um das Paradies zu finden, schrieb der Stumme auf Papier: „Singe und juble! WORTE und LIEDER sind das Paradies!"

Der junge Mann ging weiter ...

Der junge Mann ging weiter – das hieß: Wir, die Teilnehmer an diesem Gottesdienst, sollten diese Geschichte weiterschreiben.

Ich schrieb damals:

Der junge Mann ging weiter und weiter, er wurde älter und älter. Manchmal leuchtete etwas von dem auf, was er für ein Paradies hielt; dann war wieder alles verschwunden. Es gab, wenn er so zurückdachte, einige Höhepunkte, wo dieses Paradies einfach da zu sein schien. Wenn sich alles wieder in den Alltag verwandelte, konnte er ein wenig von dem zehren, was er als Paradies erlebt hatte. So ging er seinen Weg weiter und weiter und weiter. Und wenn er jetzt als älterer Mensch zurückdachte, wurde ihm bewusst, dass das eigentliche Paradies im Suchen bestand: Er hatte noch immer ein großes Ziel vor sich, etwas, das er noch erreichen wollte, und diese Spannung hielt ihn wach und lebendig. Und wenn er sich zur Ruhe setzen wird, weiß er noch immer etwas, auf das er mit der ganzen Kraft seiner Seele hofft: Den zu sehen, der ihn in seinen Händen hält. Er macht sich nur eine Sorge, ob er zufrieden sein wird, wenn er einmal nichts mehr zu suchen hat. Die Neugierde, wie das sein wird, macht die Sache immer noch spannend: Ein interessantes und spannendes Leben, mit all seinem Auf und Ab, ist das Paradies.

Seither sind viele Jahre vergangen. Der älter werdende Mensch ist inzwischen alt geworden, hat seine Verantwortung in jüngere Hände legen dürfen, darf aber immer noch da sein für Menschen, die ihn brauchen. Es ist wirklich nach wie vor spannend und interessant. – „Mach es anders!"

Vor einiger Zeit habe ich bei einem Einkehrtag diese Geschichte den Teilnehmern als Denkanstoß in die Hand gegeben. Es kamen interessante Wortmeldungen. Zwei davon haben mich sehr bewegt.

Eine junge Frau stand auf und erzählte, sie habe als Kind gestottert, sei immer verspottet worden, habe viel darunter gelitten. Reden ohne Beeinträchtigung wäre für sie das Paradies gewesen. Sie hat hart an sich gearbeitet, blieb auf der Suche. „Und", so sagte sie, „heute stehe ich das erste Mal vor so vielen Leuten und habe keine Angst, dass ich stottere." Sie hatte nicht aufgegeben, sondern war suchend unterwegs geblieben.

Und eine zweite Frau, sie war sicher über 80 Jahre alt, gab mir nach der Messe ihre Gedanken schriftlich in die Hand. Sie habe sich nicht getraut, vor allen zu sprechen. Sie schrieb: „Mach die Augen auf und du wirst sehen. Du bist ja im Paradies! Was hast du nicht? Zufriedenheit, da ist alles drinnen!" Um zu dieser Einsicht zu kommen, ist wohl die Weisheit des Alters nötig.

Die Regel Benedikts

In der Melker Benediktuskapelle hat der Maler Peter Bischof den heiligen Benedikt dargestellt, wie er die Regel schreibt. Meist wird Benedikt mit einem Becher in der Hand gezeigt, auf dem sich eine Schlange windet, in Anspielung auf die bereits erwähnte Legende, dass Mönche, denen Benedikt zu streng war, ihn vergiften wollten. Peter Bischof hat für sein Bild einen Entwurf dieser Art gemacht, dann aber umgedacht und schreibt: „Ich möchte doch den heiligen Benedikt beim Schreiben der Regel malen. Ich glaube, in unserer Zeit, in der jeder von uns versucht, seine Individualität zu leben, dabei vielfach die Grenzen des anderen verletzt und überschreitet – ein Chaos der gegenseitigen Grenzüberschreitungen, Verletzungen der Umwelt, des Lebens, der Humanität –, wird das Leben nach einer Regel die einzige Überlebenschance sein."

Benedikt schrieb für seine Gemeinschaft die nach ihm benannte Ordensregel. Es gab zur Zeit Benedikts verschiedene Regeln, die in den Klöstern befolgt wurden. Sein Werk ist weitgehend abhängig von der sogenannten „Regula Magistri", die irgendein Mönchsvater aus dem Jura weitschweifig, bisweilen pedantisch, für Mönche verfasst hat. Benedikt verwendet diese Regel, übernimmt sie teilweise wörtlich, teilweise dem Sinn nach, gibt ihr aber ein eigenes Gepräge. Ihm geht es in erster Linie darum, das Zusammenleben der Mönche in der klösterlichen Gemeinschaft zu regeln.

Der Text der Regel hat eine bewegte Geschichte. Vor der Zerstörung Montecassinos durch die Langobarden 577 n. Chr. kam ein Regeltext nach Rom ins Laterankloster. Dort wurde die ursprüngliche Version sprachlich überarbeitet und geglättet: Zum reinen Text der Regel kam ein sogenannter interpolierter Text. Von diesem Text ist die älteste Abschrift, der sogenannte Codex Oxoniensis, aus dem 8. Jahrhundert erhalten. Der Codex mit dem reinen Text gelangte 717 aus dem Laterankloster wieder nach Montecassino zurück, wo ihn Karl der Große, der 787 dort weilte, zu Gesicht bekam. Seine Gelehrten erkannten, dass dieser Text in manchen Teilen große Unterschiede zu der gebräuchlichen Regelausgabe aufwies. Karl der Große ließ nun eine genaue Abschrift in das Reichsmusterkloster Inda (heute Kornelimünster) bringen und machte diese Regel zur einzigen für alle Klöster seines Reiches. Zwei Mönche der Insel Reichenau im Bodensee, Grimalt und Tatto, schrieben diesen Text ab, der in der Stiftsbibliothek St. Gallen als Codex Sangallensis 918 aus dem 9. Jahrhundert erhalten ist und aus derselben Zeit stammt. Forscher nehmen an, dass diese Textversion dem Originaltext am nächsten kommt. Dieses Exemplar der Regel gilt heute als ursprünglichste Überlieferung.

Die Regel ist in lateinischer Sprache geschrieben und bedarf der Übersetzung. Alle, die fremde Sprachen kennen und Texte in dieser Sprache verstehen können, wissen, wie problematisch Übersetzungen sein können. Bisweilen geben sie den eigentlichen Sinn nicht wortgetreu wieder beziehungsweise fließen eigene Deutungen der Übersetzer ein.

Ich selbst kenne die Regel sehr gut, habe über die Melker Regelhandschriften, ihre Herkunft und Zugehörigkeit zu den Textfamilien der vorhandenen Regelabschriften, dissertiert, habe also eine Ahnung von der Textüberlieferung. Als langjähriger Novizenmeister habe ich diese Regel immer wieder unseren jungen Mitbrüdern erklärt. Dabei setzte ich mich mit dem Regeltext auseinander und auch mit den Übersetzungen, weil immer mehr junge Mitbrüder ohne oder mit sehr dürftigen Lateinkenntnissen in unser Kloster kamen.

Immer wieder spürte ich, dass die vorhandenen Übersetzungen oft den Sinn nicht treffen. Eine bestimmte Übersetzung ließ mich kämpferisch werden: Im Prolog der Regel schreibt Benedikt vom Fortschreiten im klösterlichen Leben und im Glauben. Da werde das Herz weit und „curritur via mandatorum dei", dann „läuft man den Weg der Gebote Gottes" (RB, Pr. 49). In der in allen Klöstern verwendeten Übersetzung von Basilius Steidle stand nun übersetzt: „... g e h t man den Weg der Gebote Gottes". Diese Übersetzung nimmt dem Text jede Dynamik, die sonst aus der Regel so deutlich wird. Es gab noch manche andere Passagen, die meines Erachtens nicht einfühlsam und anschaulich genug übersetzt waren und die auch unserem heutigen Sprachgefühl nicht mehr entsprachen. Als Lateinlehrer habe ich mich immer bemüht, nicht nur genau aus dem Lateinischen ins Deutsche zu übersetzen, sondern auch ein lesbares Deutsch zu gewährleisten, das die Idiome, die Eigenart der Sprache, berücksichtigt.

Aus diesem Grund habe ich bei der Salzburger Äbtekonferenz, die in jedem Jahr die deutschsprachigen Benediktineräbte versammelt, um gemeinsame Belange zu behandeln, den Antrag gestellt, eine Kommission zur Übersetzung der Regel Benedikts zu gründen, damit diese in die Sprache unserer Zeit übersetzt werde. Dieser Kommission gehörten Benediktinermönche und -nonnen des gesamten deutschen Sprachraumes an, die aus verschiedenen Klöstern Österreichs, Deutschlands, der Schweiz und Südtirols stammen.

Es war höchst interessant festzustellen, wie unterschiedlich unsere gemeinsame Sprache im norddeutschen, bayerisch-österreichischen, rätoromanischen beziehungsweise alemannischen Raum verstanden wird.

Es war noch interessanter, die unterschiedlichen Auffassungen in den verschiedenen Klöstern zu sehen und sich damit auseinanderzusetzen. Wenn wir auch alle demselben Orden angehören, ist doch jedes Kloster aufgrund seiner Selbstständigkeit ein eigenes Gebilde. Obwohl die Klöster sich zu losen Verbänden zusammenschlossen, die sich durch örtliche Gegebenheiten bilden (wie Österreich, Bayern, Schweiz) oder durch eine eigene Observanz (also eine besondere Sicht der Regel, wie etwa in Beuron), wird die Regel in jedem Kloster nach den jeweiligen Usancen gelebt. Übergeordnete Stellen haben darauf nur einen begrenzten Einfluss.

Noch dazu leitete ein Belgier, der durch viele Jahre Abt des bayerischen Klosters Scheyern war, Abt Bernhard Maria Lambert, die Sitzungen der „Regel-Kommission", die abwechselnd in den verschiedenen Klöstern stattfanden. Die Arbeit ging so vor sich, dass die einzelnen Mitglieder eine Rohübersetzung gewisser Kapitel vorzubereiten hatten, die dann in der Sitzung zerpflückt wurde. Kaum ein Satz blieb so, wie er von einem einzelnen Übersetzer vorgesehen gewesen war. Man versteht sich eben auch in ein und derselben Sprache nicht immer. Daraufhin wurden natürlich die verschiedensten Ansichten laut. Also wurden Streitgespräche geführt und Abt Bernhard hatte alle Hände voll zu tun, um die Sache halbwegs voranzubringen.

Ich erinnere mich noch gut an meine persönlichen Auseinandersetzungen mit dem leider so früh verstorbenen Pater Anselm Roth aus dem norddeutschen Kloster Gerleve: Ich hatte Kapitel 2 über den Abt vorbereitet. Im Text ging es über weite Strecken um diesen Abt, ohne dass er jedes Mal als Abt erwähnt wurde. Meistens ging es mit „er" weiter. Ich hatte bei einer solchen Passage einmal das Gefühl, man müsse statt „er" wieder einmal den hinschreiben, der gemeint sei, den Abt. Sofort hörte ich den heftigen Vorwurf, ich würde die Regel verfälschen: „Diese bösen liberalen Österreicher." Bei Tisch setzte Pater Roth sich dann jedes Mal neben mich. Ich muss zugeben, dass ich dabei nicht gerade glücklich war und nach diesen Wortgefechten seine Gesellschaft nicht wirklich herbeigesehnt hatte. Im Laufe der Jahre bildete sich aber ein ganz hervorragendes zwischenmenschliches Klima zwischen uns. Pater Anselm begann allmählich sehr mutig und frei zu übersetzen. Zu Weihnachten sandte er mir einmal Wünsche und sprach von einem Regelgespräch in seiner Gemeinschaft. Dabei schrieb er: „Uns alle verbindet die Regel, trotz der Schwierigkeiten, sie heute zu leben. Ich freue mich, mit Ihnen für die Regel zusammenarbeiten zu dürfen. Ich bedaure, so wenig einem Wort der Regel nachzukommen: ‚rationabiliter humilitate caritatis: vernünftig, mit Demut und Liebe' (RB 61, 4). Versuchen Sie es mit mir immer wieder neu." Es war für uns alle bewegend, wie er – von seiner Todeskrankheit gezeichnet – bei einer Sitzung in seinem Kloster Gerleve uns voller Stolz „sein Haus" zeigte. Diese Sitzung unserer Kommission in seinem Kloster war für ihn ein letzter Lichtblick seines Lebens.

Drei Benediktinerinnen arbeiteten in der Kommission mit: Schwester Pia Luislampe aus Dinklage aus der Gegend um Oldenburg, die zweite war Schwester Michaela Puzicha aus Varensell bei Paderborn. Sie hat nach Fertigstellung der Übersetzung einen Kommentar zur Regel verfasst, der 2002 im EOS-Verlag erschienen ist. Die dritte war die Priorin Lucia Wagner, die eine sehr lebendige und offene benediktinische Gemeinschaft in München leitet. Der Abt von Neresheim, Norbert Stoffels, trug in seiner trockenen Art und mit seinen scheinbar unumstößlichen Ansichten viel zum Werden der Übersetzung bei. Wie ein Fels in der Brandung stand Pater Athanasius Polag da, er gehört zum Kloster Trier und wirkt heute im Kloster Huysburg in der ehemaligen DDR. Dieser ließ zuerst immer ganz systematisch die Wogen hochgehen, um dann sachlich seine Meinung zu formulieren – gegen die dann eigentlich auch meist kaum etwas zu sagen war. Er besaß die Gabe, Aufregungen zu mäßigen, humorvoll neue Wege zu weisen, wenn die alten nicht mehr zielführend waren. Weitere Mitglieder der Kommission waren: Johannes Gartner (heute Abt in Seckau), Pirmin Hugger (vom Kloster Münsterschwarzach), Plazidus Hungerbühler (Kloster Muri-Gries), der schon genannte Abt Bernhard M. Lambert (Kloster Scheyern), Albert Schmidt (Kloster Beuron), Emmanuel von Severus (Kloster Maria Laach), später kamen dazu Abt Christian Schütz (Kloster Schweiklberg in Niederbayern) und Franziskus Heereman (Kloster Neuburg bei Heidelberg).

Die Übersetzung wurde zum Musterbeispiel eines Gemeinschaftswerkes. Jeder hat etwas dazu beigetragen, allerdings wurden auch nicht alle Vorschläge der einzelnen Mitglieder oder Klöster aufgenommen. Nach fünfjähriger Arbeit konnte 1990 die erste Auflage der Übersetzung im Beuroner Kunstverlag erscheinen. Die lateinisch-deutsche Ausgabe erlebte bis heute vier Auflagen, die deutsche Übersetzung ist in 16 Auflagen erschienen.

Nachdem die Kommission menschlich so gut zusammengewachsen war, nahmen wir gleich noch ein weiteres Werk in Angriff: das zweite Buch der „Dialoge Gregors des Großen", das eine Lebensbeschreibung Benedikts in Legenden bringt. Zwar nicht in historischen Schilderungen, wohl aber in der dieser literarischen Gattung eigenen Art, wird die Persönlichkeit sehr anschaulich gemacht. Diese Übersetzung ist 1995 im EOS-Verlag erschienen. 2008 folgte die 2. Auflage.

Für mich sind Übersetzungen keine unumstößliche Idealversion. Jede Zeit wird wieder andere Gedanken haben und neue Akzente setzen. Ein Gemeinschaftswerk hat viele Väter und Mütter. Was dabei herauskommt, kann nur ein Kompromiss sein. Ich selbst hätte gerne manches anders übersetzt, die anderen in der Kommission wohl auch. Trotzdem fühlte sich niemand in seiner Eitelkeit gekränkt. Wir genossen die Erfahrung des gemeinsamen Erarbeitens. Jeder konnte Anstöße geben, andere Anstöße akzeptieren und wir hatten zusammen um einen gemeinsamen Text gerungen, der nicht Text eines Einzelnen sein konnte, aber doch letztlich viel mehr wurde: unser Text.

Für mich bedeutete diese gemeinsame Arbeit eine sehr große Horizonterweiterung, eine sehr tiefe menschliche Erfahrung, viele neue Sichtweisen im Umgang mit der Regel. Was ich immer schon gewusst hatte, wurde damals noch klarer: Benedikt hat eine Regel verfasst, die in vielfältiger Weise gelebt werden kann, in aller Welt auch verschieden gelebt wird und die auch für Menschen außerhalb eines Klosters wertvolle Anregungen und Hilfen zu geben vermag.

Das Gottesbild Benedikts

Ein junger Mitbruder aus einem deutschen Benediktinerkloster sagte mir in einem Gespräch, dass in Benedikts Regel doch eher ein sehr dunkles Gottesbild erkennbar wäre, ein strafender Gott, nicht aber einer, der die Menschen liebt.

Zugegeben: Wenn man manche Aussagen der Regel wörtlich nimmt und andere nicht beachtet, könnte man auf diesen Gedanken kommen. Immer wieder verwendet Benedikt – wenn er von Gott spricht – das Wort Gottesfurcht (timor domini): „Kommt, ihr Söhne, hört auf mich! Die Furcht des Herrn will ich euch lehren" (RB, Pr. 12). Bei allen wichtigen Klosterämtern, vom Abt (RB 2, 39) bis zum Krankenpfleger (RB 36, 7), wird die Gottesfurcht vorausgesetzt und der Gedanke an das schreckliche Gericht Gottes eingeschärft. Immer wieder ist die Rede davon, dass Gott überall gegenwärtig ist, dass die Augen des Herrn an jedem Ort auf Gute und Böse schauen (RB 19, 1) und dass die Engel zu jeder Stunde über das Tun der Menschen berichten (RB 7, 13). Wie von der Herrlichkeit des ewigen Lebens gesprochen wird, werden auch die Strafen der Hölle erwähnt: „Wir wollen den Strafen der Hölle entfliehen und zum unvergänglichen Leben gelangen" (RB, Pr. 42).

In der Urkirche war der Gedanke an eine nahe Wiederkunft Christi, der die Welt richten werde, sehr stark ausgeprägt, vor allem in den Zeiten der Verfolgung. Besonders für die Einsiedler waren solche Gedanken naheliegend. Wenn Benedikt in der Zeit der Völkerwanderung sein Kloster gründet und in dieses verschiedenste Menschen – von dekadenten Römern und brutalen Germanen bis zu Sklaven und Freien – eintraten, ist es verständlich, dass auch die Angst vor der Verdammnis stets eine Rolle gespielt hat. Die genannten Redeweisen, die an einen strafenden Gott denken lassen, sind also in erster Linie aus der damaligen Zeit zu verstehen.

An sich meint Benedikt, wenn er von der Gottesfurcht spricht, die Ehrfurcht vor der Größe Gottes, dem der Mensch nur in Demut näherkommen kann: Auf der ersten Stufe der Demut achte der Mönch „stets auf die Gottesfurcht und hüte sich, Gott je zu vergessen" (RB 7, 10). Diese Gottesfurcht bedeutet jedoch nicht Angst und Schrecken vor Gott. Das ist nur eine Art Anfangserscheinung. Wenn man jedoch im klösterlichen Leben und im Glauben fortschreite, werde das Herz weit und man laufe den Weg der Gebote Gottes im Glück der Liebe (RB, Pr. 49).

Ganz klar wird Benedikts Ansicht im 7. Kapitel über die Demut (RB 7): Zwölf Stufen steigt der Mensch zu Gott empor als der Mensch, der er ist: Die Holme der Leiter sind Leib und Seele (vgl. RB 7, 9) – also der ganze Mensch. Am Ende des Kapitels heißt es dann: „Wenn also der Mönch alle Stufen auf dem Weg der Demut erstiegen hat, gelangt er alsbald zu jener vollendeten Gottesliebe, die alle Furcht vertreibt. Aus dieser Liebe wird er alles, was er bisher nicht ohne Angst beobachtet hat, von nun an ganz mühelos, gleichsam natürlich und aus Gewöhnung einhalten, nicht mehr aus Furcht vor der Hölle, sondern aus Liebe zu Christus, aus guter Gewohnheit und aus Freude an der Tugend" (RB 7, 67–69). Da gibt es also keine Furcht mehr, sondern an ihrer Stelle steht die Liebe. Hier wird Benedikts eigentliche Meinung deutlich: Der gefürchtete Herr wird immer mehr zum guten Vater (vgl. RB, Pr. 6 f.)

Im Alten Testament lesen wir häufig von einem Gott, vor dessen Macht man zittert. Dahinter steht das Bild des Sinai-Gottes, der unter Blitz und Donner seine Gebote gibt. Immer wieder klingen in der Schrift solche Gedanken an, aber schon im Alten Testament wird Gott geschildert, dass er voller Güte und Langmut sein Volk führt und leitet. Man kann an die sehr schöne Erzählung des Propheten Jona denken, der seinen Gott als einen gütigen Gott einschätzt, ganz gegen seine eigene Meinung, die die Leute von Ninive für den Untergang bestimmen will. Er will seinem Gott nicht gehorchen, weil er ihn für zu gütig hält. Ganz liebevoll führt ihn Gott zur Einsicht. Erst recht hat uns Jesus Christus das Bild eines liebenden Vaters vor Augen geführt, der den verlorenen Sohn bei seiner Rückkehr voller Freude in seine Arme schließt und der letztlich seinen Sohn hingibt, dass den Menschen Heil wird.

Es soll nicht verschwiegen werden, dass die Kirche immer wieder dazu geneigt hat, Gott so hinzustellen, dass man gute Gründe haben konnte, sich vor ihm zu fürchten. Wovon sich leider auch Eltern bei der Erziehung ihrer Kinder hinreißen ließen. Da wurde etwa von Mutter und Vater immer gern der Zeigefinger strafend gehoben, wenn ein Gewitter sein Donnergrollen vorausschickt: „Der Himmelvater schimpft", haben sie dann oft gesagt. Warum sie das genau gesagt haben, wussten sie wohl selber nicht. Sicher ist nur, dass so vielen Menschen das Erleben Gottes von Kindesbeinen an schwer gemacht wurde. Höllenpredigten hat es in der Kirche in allen Jahrhunderten gegeben. Diese Zeit ist, Gott sei Dank, vorbei. Natürlich gibt es auch heute Schwarzmaler, die ihre Mitmenschen am liebsten in der Hölle schmoren lassen wollen, weil die nicht das tun, was sie für richtig halten. Liest man jedoch die Heilige Schrift, besonders die Frohe Botschaft der Evangelien, dann wird ein anderer Gott offenbar: Und zwar ein Gott, der die Menschen liebt.

In der Benediktuskapelle unseres Klosters hängt ein hölzerner Kruzifixus, den ein ehemaliger Schüler unseres Gymnasiums, Josef Strohmaier aus Hallein, geschnitzt hat. Seine Frau hat gemeint, ob er nicht bei seiner Kreuzesdarstellung etwas von der Liebe Gottes ausdrücken könne. Da stellte er den Gekreuzigten so dar, dass er dem Betrachter die rechte Hand entgegenstreckt. Ein wunderschönes Bild des barmherzigen Vaters aus dem Evangelium. In Toledo gibt es ein ähnliches romanisches Kreuz aus Elfenbein zu bewundern. Darum rankt sich eine wunderbare Legende: Ein Priester habe zu Füßen dieses Kreuzes die Beichte eines Sünders gehört. Dieser bekam einen Zuspruch und die Lossprechung. Nach einiger Zeit kam er wieder, um dieselbe Sache zu beichten. Der Priester hatte Bedenken, ob er wohl Reue habe, sprach ihm ernster zu und gab eine härtere Buße. Als der Sünder das dritte Mal kam, hatte der Beichtvater Zweifel an der Reue des Beichtenden und wollte die Lossprechung verweigern. Da habe sich, so erzählt die Legende, die Hand des Gekreuzigten vom Kreuzesbalken gelöst. Dann habe er das Zeichen der Erlösung auf die Stirn des Beichtenden gemacht und zum Priester gesagt: „Nicht du hast ihn durch dein Blut erlöst." Das ist die Liebe, die alle Furcht vertreibt, die uns letztlich nur ein liebender Gott zu schenken imstande ist.

Begegnung mit Gott

Benedikt hat sein ganzes Leben hindurch sehr lebendige Gotteserfahrungen gemacht. Er hat durch drei Jahre in der Einsamkeit in seiner Höhle bei Subiaco eng verbunden mit seinem Gott gelebt und im Gebet eine sehr lebendige Beziehung zu ihm gefunden. Deshalb ist das Gebet für Benedikts Klostergründung ein wesentlicher Grundpfeiler: „Dem Gottesdienst soll nichts vorgezogen werden" (RB 43, 3), schreibt er in einem Kapitel, in dem er gegen die Unpünktlichkeit zu Felde zieht. Das „Ora" (Bete) wurde mit dem „Labora" (Arbeite) zur Parole der Benediktiner.

Benedikt hat sehr viel Wert darauf gelegt, dass die Gegenwart Gottes spürbar und erfahrbar gemacht wird: „Überall ist Gott gegenwärtig, so glauben wir, und die Augen des Herrn schauen an jedem Ort auf Gute und Böse. Das wollen wir ohne Zweifel ganz besonders dann glauben, wenn wir Gottesdienst feiern" (RB 19, 1 f.). Der ganze Tag wurde bei ihm durch gemeinsames Gebet geheiligt: Es gab einen Nachtgottesdienst (Vigilien), ein Morgenlob (Laudes) mit dem Aufgang der Sonne, eine Prim als Tagesweihe (7 Uhr), eine Terz (9 Uhr), Sext (12 Uhr), Non (15 Uhr), vor Sonnenuntergang die Vesper und vor dem Schlafengehen die Komplet (vgl. RB 16). Für dieses gemeinsame Gebet wurden Oratorien (Gebetsräume) und wunderschöne Kirchen gebaut. Es entstanden ganz einfache, aber höchst kunstvolle Melodien, die wir heute als Choral kennen. Durch all die Jahrhunderte erklang so bis heute das Lob Gottes in den Benediktinerklöstern.

Zum gemeinsamen Gebet kam auch noch das persönliche. Dieses wurde zum Nährboden für das gemeinsame Gebet. Benedikt war in seiner Anordnung wieder einmal sehr realistisch und nüchtern: „Wir sollen wissen, dass wir nicht erhört werden, wenn wir viele Worte machen, sondern wenn wir in Lauterkeit des Herzens und mit Tränen der Reue beten" (RB 20, 3). Es kommt also auf die Innerlichkeit beim Beten an und nicht auf viele Worte. Man könnte auch sagen: Qualität statt Quantität. Wenn in der Gemeinschaft persönlich gebetet wird, soll das Gebet auf jeden Fall kurz und lauter sein. Denn die Menschen sind in ihrer Frömmigkeit bekanntlich sehr verschieden.

Zum persönlichen Gebet gehört auch die geistliche Lesung (Heilige Schrift, Mönchsväter): „Müßiggang ist der Seele Feind. Deshalb sollen die Brüder zu bestimmten Stunden mit Handarbeit, zu bestimmten Stunden mit heiliger Lesung beschäftigt sein" (RB 48, 1). Immer wieder spricht Benedikt das Lesen an, deshalb ist dieses „Lege" (Lies) von enormer Bedeutung. Benedikt verstand auch das als Nährboden für das Sein mit Gott.

Es klang schon an, dass es Zeiten gab, in denen sich das Gebet verselbstständigte, wie in Cluny. Dort wurde es schließlich als einzige Arbeit der Mönche angesehen. Ebenso, dass es Zeiten gab, in denen die Arbeit als Gebet galt (Josephinismus). Beides sind Einseitigkeiten, die Benedikt nicht gewollt hätte. Für Benediktinerklöster war der Gottesdienst allezeit eine wesentliche Grundlage. Vom Gebet gingen die Mönche zur Arbeit. Die Kirchen sind in unseren Klöstern immer die wichtigsten Räume, die man auch dementsprechend ausgestattet hat. Es wurde auch stets versucht, den Gottesdienst nach den gegebenen Möglichkeiten schön und gut zu gestalten.

Die verschiedenen Epochen setzten verschiedene Akzente. Als das Chorgebet noch lateinisch gebetet wurde, entstand der Gregorianische Choral: Das sind wunderbare Melodien, die zur lateinischen Sprache passten. In Benediktinerklöstern wuchs das Bedürfnis, die Gläubigen an den Gottesdiensten tatkräftig teilnehmen zu lassen, sie mit einzubeziehen. Das französische Solesmes, die Klöster der Beuroner Kongregation in Deutschland, aber auch Belgien und Österreich spielten hier Vorreiterrollen. Die lateinische Sprache war ein Hindernis für das Verständnis der Gläubigen, was nur durch viel Vorbereitungsarbeit ausgeglichen werden konnte. Anselm Schott aus Beuron etwa übersetzte die lateinischen Messtexte ins Deutsche und ermöglichte so vielen Laien, die der lateinischen Sprache nicht mächtig waren, die Eucharistiefeier bewusst mitzuverfolgen. In Maria Laach bei Bonn stand der erste Volksaltar, im steirischen Seckau wurde erstmals die Feier der Auferstehung vom Morgen des Karsamstags in die Nacht vor dem Ostersonntag versetzt. Aus dem Augustiner-Chorherrenstift Klosterneuburg kam Pius Parsch, der mit seiner Gottesdienstgemeinde die Betsingmesse feierte. Während der Priester alles Lateinische still betete, wurden die Texte in der Muttersprache von Lektoren vorgelesen. Von da war es dann nicht mehr weit zur liturgischen Konstitution des Zweiten Vatikanischen Konzils (Sacrosanctum Concilium), die alle erwähnten Entwicklungen aufnahm und eine erneuerte Messform schuf. Das alles hatte von Benediktinerklöstern seinen Ausgang genommen und ist ein Resultat der Regel Benedikts, die uns mahnt, ständig in Bewegung zu bleiben, immer weiter zu laufen.

Da durch das Konzil mit der Einführung der Muttersprache neue Weichen in der Liturgie gestellt wurden, gab es plötzlich viele neue Möglichkeiten. Immer mehr Klöster beteten das Chorgebet in der Muttersprache. Benedikt hatte für das Chorgebet eine Psalmeneinteilung gemacht, die bis zu den Neuerungen des Konzils in den meisten Klöstern eingehalten wurde. Dann aber kam wirklich Bewegung in die Sache. Neue Wege wurden gesucht – und gefunden. Benedikt hatte aber schon genug Weitblick, als er in seiner Regel schrieb: „Wenn jemand mit dieser Psalmeneinteilung nicht einverstanden ist, stelle er eine andere auf, die er für besser hält" (RB 18, 22). Ein für die damalige Zeit revolutionärer Gedanke. Festgelegt hatte er lediglich, dass alle 150 Psalmen in einer Woche gebetet werden sollten.

Also wurden neue Offizien (Gebetstexte) erstellt, mit denen neue Wege beschritten wurden. Ich selbst arbeitete etwa in einer liturgischen Kommission der Österreichischen Benediktinerkongregation mit, in der ein neues Brevier erarbeitet wurde: das sogenannte „Salzburger Brevier". Es wurde eine Zeit lang in österreichischen Klöstern gebetet, doch dann haben wir im Sinne der Einheitlichkeit ein deutsches Brevier übernommen, das von der Salzburger Äbtekonferenz in Auftrag gegeben worden war.

Diese ganze Umstellung brachte auch verschiedene Probleme mit sich. Manche waren der Meinung, dass man die Choralmelodien an die deutschen Texte anpassen sollte (Münsterschwarzach). Andere wiederum glaubten, man müsse für das Singen in deutscher Sprache neue Melodien komponieren – so wie in unserem Kloster. Viele denken auch, dass man an Sonn- und Feiertagen die lateinische Vesper belassen und wie früher singen sollte. Ich habe damit meine Probleme: Immer mehr Mitbrüder und Teilnehmer am Chorgebet sind der lateinischen Sprache nicht oder nur sehr mangelhaft mächtig. Weshalb ich die lateinischen Texte nicht mehr als sinnvoll erachte, obwohl sie mir sehr gut gefallen und ich sie immer gern gebetet und gesungen habe. Immerhin war ich doch Professor für Latein gewesen. Viele lateinische Psalmen kann ich noch heute auswendig. Das alles ist in unseren Tagen im Fluss, es gibt natürlich auch noch Klöster, in denen man sich streng an Benedikts Einteilung hält. Das Schöne daran: Es zeigt sich wieder einmal, welchen Ermessensspielraum und welche Toleranz Benedikts Regel walten lässt.

Vielfach ist man von den acht Gebetszeiten abgewichen. Dabei muss man bedenken: Die Regel schreibt einen Nachtgottesdienst und sieben „Stundengebete" für den Tag vor. Mit geänderten Lebensumständen wurden verschiedene Gebetszeiten zusammengezogen, so etwa Terz, Sext und Non als Mittagshore. In Melk haben wir drei Horen: eine Morgenhore (Vigil und Laudes), eine Mittagshore (Terz, Sext und Non) und eine Abendhore (Vesper und Komplet). Der Grundgedanke Benedikts, dass der ganze Tag durch das Gebet geheiligt werden solle, konnte dadurch gewahrt werden. Es erfolgte lediglich eine Anpassung an den heutigen Lebensrhythmus. Wir sind überzeugt, dass es Benedikt genauso gemacht hätte.

Da unsere Klöster alle selbstständig sind, feiert jede Gemeinschaft das Chorgebet und die Eucharistie in ihrer je eigenen Weise. Im Stift Melk versuchen wir unsere Gottesdienste nach unseren Möglichkeiten und Gegebenheiten zu gestalten. Wie bereits erwähnt, entstanden bei uns für jene Teile, die wir beim Chorgebet singen, eigene Melodien. Die tägliche Konventmesse gestalten wir mit Liedern aus dem Diözesan-Gebetbuch „Gotteslob". Sehr wichtig ist für uns die Gestaltung der Sonntagsmesse, die wir mit einer teilweise treuen Besucherschar und in der Fremdenverkehrssaison immer auch mit vielen Teilnehmern, die mehr oder weniger zufällig zu uns stoßen, feiern. Bei dieser Messe singen wir Lieder aus dem „Gotteslob", es gibt aber auch da eigene Kompositionen. Mit einem Kantor wird es möglich, dass jeden Sonntag als Zwischengesang Halleluja- und Evangeliumsverse gesungen werden. Diese Vertonungen besorgt einer unserer Patres. Sehr angenehm für die Ohren der Besucher ist dabei die Tatsache, dass dieser Pater früher Musikprofessor war.

Weil das Stift Melk inzwischen ein Magnet für Touristen geworden ist, halten wir seit einigen Jahren die Mittagshore bewusst in der Stiftskirche, wo wir die zufällig dort weilenden Besucher mit Freude dazu einladen, mit uns zu beten und zu singen. Die Allermeisten nehmen dieses Angebot an. Teilweise hören sie einfach zu, teilweise feiern sie aber auch mit. Wir haben dazu eigene Texte geschaffen: Psalmen, aktualisierte Psalmen mit Liedern und Lesungstexten, die zu so einem Gottesdienst passen. Dabei durften wir die Erfahrung machen, dass diese Hore sehr gut angenommen wird – was nicht zuletzt auch uns die allergrößte Freude bereitet.

Eine Feier möchte ich aber ganz besonders hervorheben: die Feier der Osternacht. Als ich Abt wurde, nahmen an unserer Osternacht 70 bis 80 Leute teil, weil unsere Kirche eben keine Pfarrkirche ist. Diese Feier war für mich immer etwas deprimierend. Also begannen wir diesen Gottesdienst ganz bewusst für alle Sinne (von der Lichtfeier bis zur Speisenweihe) zu gestalten. Und was geschah? Unsere Osternacht lockte immer mehr Menschen zum Mitfeiern an. Zugegeben: Unsere neue Gestaltung ist etwas eigenwillig. Aber der Auferstehungsgedanke kommt dabei einfach besser zum Ausdruck. Heute hat die Zahl jener, die mit uns die Osternacht feiern wollen, die Tausend bei Weitem überschritten. Manche kommen von weit her. Auch ehemalige Schüler feiern mit uns, obwohl viele von ihnen vielleicht sonst gar nicht so oft zur Kirche gehen. Aber zur Osternacht kommen sie. Seit ich nicht mehr Abt bin, kann ich nicht mehr dabei sein, weil ich für meinen Nachfolger Abt Georg in der Pfarre sein muss, die er betreut. Das ist eines der wenigen Beispiele, wo ich gerne zugebe, dass es mir ziemlich schwerfällt, nicht mehr Abt zu sein. Ich feiere gerne mit einer Pfarrgemeinde, aber in der Osternacht wäre ich lieber daheim – in meinem Kloster zu Melk.

Wir versuchen, soweit es unsere Verpflichtungen zulassen, regelmäßig unser Gotteslob zu feiern und wissen aus unserem Glauben, dass es uns bei all dem trägt, was wir als unsere Aufgabe betrachten. Gott ist unsere eigentliche Mitte – von der aus wir leben und wirken.

Das Gute und das Böse in unserer Welt

Der Strich zwischen Gut und Böse geht – wie bereits angeklungen ist – mitten durch das Herz eines jeden Menschen (Solschenizyn). Wir machen diese Erfahrung des Bösen täglich nicht nur *um* uns, sondern auch – gestehen wir es uns ein – *in* uns selbst.

Manches Böse geschieht dabei nicht bewusst. Wir verletzen oft unsere Mitmenschen, ohne es zu bemerken, und in den meisten Fällen wollen wir es auch nicht. Wir gehen dumme Wege und meinen, während wir diese beschreiten, sogar noch, dass sie vernünftig wären. Manches Böse geschieht aus Unachtsamkeit. Weil wir in Gedanken gerade woanders sind. Wir verletzen einander auch deshalb so oft, weil wir uns im zwischenmenschlichen Bereich nicht mehr anstrengen wollen – weil man ja so ein gemütlicher Typ ist und vieles nicht mehr wichtig nimmt. Das scheint mir übrigens eine typisch österreichische Krankheit zu sein: „Nur nichts tragisch nehmen." Und schon hat man etwas gesagt oder getan. Ob das auch gut war? Das ist vielen Menschen bereits egal.

Manches Böse aber geschieht ganz bewusst: Wenn uns jemand wehtut, schlagen wir zurück; wenn jemand unsere Kreise stört, dann kann er uns kennenlernen. Es gibt aber auch ganz bewusste, eigentlich unmotivierte Böswilligkeiten. Was die Sache noch schwieriger macht, ist die Überzeugung, dass man in seinem „heiligen Zorn" glaubt, man hätte in seinem bösen Tun sogar noch recht. Ja, man hätte dieses böse Tun sogar im Namen Gottes ausgeführt. Wir erleben das auch heute noch sehr oft in anderen Kulturkreisen, mokieren uns darüber und bedenken dabei nicht, dass dies auch in christlichen Bereichen häufig geschah und weiterhin geschieht. Beim Verurteilen von besonderen Haltungen und Sichtweisen im Namen Gottes klingt auch hierzulande dieser sogenannte „heilige Zorn" immer noch nach.

Jesus Christus umschreibt die Existenz von Gut und Böse in seinem Gleichnis vom Unkraut und Weizen (Mt. 13, 24–30; 36–43): Ein Sämann sät Weizen, sein Feind sät des Nachts Unkraut in das Feld. Beides beginnt zu wachsen. Es wächst bis zur Ernte, dann wird das Unkraut vom Weizen getrennt. Gut und Böse finden sich also nebeneinander, wachsen miteinander. Diese Tatsache ist mit unserer menschlichen Natur gegeben. Im Menschen steckt so viel Gutes, es gibt aber auch das Böse. Das Bild des Paradieses drückt das sehr plastisch aus.

In den Legenden um den heiligen Benedikt kommt immer wieder das Böse vor. Dem Verständnis der damaligen Zeit entsprechend, wurde dieses Böse sogar als Person betrachtet. Die Dämonen, der böse Feind, wie immer dieses Böse genannt wird, sind Bilder für Versuchungen, denen der Mensch einfach ausgesetzt ist. Dämonerzählungen nehmen in den Mönchsbiografien breiten Raum ein. Wenn ein Mensch völlig allein lebt, ist es nur natürlich, dass ihm seine Fantasie alle möglichen und unmöglichen Dinge vorspiegelt. Wenn man bewusst einen bestimmten Weg gehen will, der nicht einfach ist, stehen stets auch andere Möglichkeiten vor Augen. In diesen Legenden werden immer wieder Situationen geschildert, in denen es zwei verschiedene Wege gegeben hätte, die den Menschen arge Gewissensnöte bescherten. Das Alleinsein brachte Probleme mit sich und ließ Versuchungen wach werden. Auch bei Benedikt (Dialoge II, 2, 1) zeigten sich verschiedene Wege als nicht zielführend. Neid und Eifersucht verfolgen ihn (Dialoge II, 8, 1 f.), und dahinter steckt natürlich der böse Feind. Besonders deutlich wird dieses Dilemma in der Geschichte vom Götzenbild und dem Küchenbrand: Der Böse lässt es nicht zu, den Stein vom Platz zu heben. Er gaukelt einen Zimmerbrand vor (Dialoge II, 9 u. 10) und wirft eine Mauer um, die einen Mönch erdrückt (Dialoge II, 11). Benedikt betet, segnet, lenkt die Gedanken zu Gott, der eigentlichen Mitte seines Lebens. Im Glauben ist es möglich, dem Bösen entgegenzutreten, das Böse zu überwinden. In den „Werkzeugen der geistlichen Kunst" rät Benedikt: „Böse Gedanken, die sich in unser Herz einschleichen, sofort an Christus zerschmettern" (RB 4, 50).

Wenn ich meinen Lebensweg Revue passieren lasse, gab es viele Situationen, in denen ich gegen meinen ursprünglichen Willen handelte. So hatte ich auch nie wirklich vorgehabt, ins Kloster zu gehen, und plötzlich war ich drinnen – weil alle es von mir so erwartet hatten. Alle haben meine Bestimmung gesehen – nur ich nicht. Ich wehrte mich fast vier Jahre, bis mir klar wurde, dass dieser Weg richtig war – und dass ich es eigentlich immer so gewollt hatte. Nach dem Theologiestudium wollte ich nicht Latein und Griechisch studieren, sondern sofort seelsorgerisch tätig sein. Ich tat sogar alles, um ein neuerliches Studieren zu verhindern. Wie wichtig aber der Aufenthalt in Wien für mich werden sollte, erkannte ich erst viel später, als ich dort Studenten verschiedenster Studienrichtungen und persönlicher Überzeugungen kennengelernt hatte. Wir alle verstehen oft erst nach Jahren manches, das zuerst ganz gegen unsere Vorstellungen und Wünsche gelaufen ist. Da hüpfen keine Dämonen herum, da saß nicht der böse Feind dahinter, vielmehr war es wohl mein eigener Dickkopf, mein Besserwissen, mein Anderswollen, das aber genau zu dem geführt hätte, was ich im Grunde eigentlich nicht wollte. Letztlich kam etwas Wunderbares dabei heraus, das ich zunächst gar nicht angestrebt hatte. Und vieles, was ich früher gewollt hatte, wurde mir später in ganz lieber Weise dazugeschenkt. Einfach so. Dabei durfte ich schon in Wien während meines Philologiestudiums, später in Melk und weit darüber hinaus, seelsorgerisch tätig sein. Jetzt, in meinem Alter, habe ich noch viel mehr Zeit für seelsorgliches Wirken.

Als ob es nicht schlimm genug gewesen wäre, dass wir von Kindestagen an immer von einem zornigen, strafenden Gott hörten, gab uns die Kirche auch noch den Krampus und den Teufel, die Personifikation des Bösen, dazu. In der Hölle saßen sie, der

Teufel und seine Kumpane, und quälten die Menschen, die im Leben böse gewesen waren.

Vor lauter Teufeln, die böse waren, sich in den Menschen einnisteten und diese zu vernichten drohten, übersah man nur allzu gern, dass in uns allen häufig auch so böse Ansätze da sind, neben all dem Guten, das, Gott sei Dank, auch in uns steckt. Es kommt gar nicht so sehr auf den Teufel an, sondern auf uns selbst. Wenn wir den Teufel an die Wand malen, dann haben wir einen Schuldigen und können uns selbst zurücklehnen. Wir haben ja keine Schuld. In dieser Gedankenwelt ist es der Teufel, der böse ist und mich armes Menschenkind hineinziehen will.

Wir spüren alle in unserem Gewissen, dem Göttlichen in uns, was gut ist und böse. Die Erzählungen vom Paradies schildern sehr anschaulich, wie der Mensch sich zum Bösen hingezogen fühlt (Gen. 2, 9). Da gibt es den Baum des Lebens, der ein Bild für all das Schöne ist, das die Welt uns schenkt. Da gibt es aber auch den Baum der Erkenntnis des Guten und des Bösen, von dessen Früchten die Menschen nicht essen durften. Ein Übersetzungsfehler verniedlichte die Sache: malus heißt böse, malum der Apfel. Aus dem „Arbor mali", Baum des Bösen, wurde also der Apfelbaum. Gemeint ist nicht etwa, das Erkennen des Menschen wäre böse. Nein. Dadurch wurde eine Grenze deutlich aufgezeigt, die der Mensch nicht ungestraft überschreiten darf. Übertritt er diese Grenze, dann schadet er sich selbst und muss die Folgen seines bösen Tuns tragen. In der Schrift wird das bildlich mit der Vertreibung aus dem Paradies ausgedrückt.

Es gibt also Grenzen, die der Mensch nicht ungestraft überschreiten kann. Tut er Böses, muss er auch mit den Folgen seines Tuns leben. Es ist nicht der strafende Gott, der dem Menschen sein böses Tun vergilt, sondern das Tun des Menschen selbst birgt das, was dieser als Strafe empfindet. Unsere Fantasie hat nun die Folgen dieses bösen Tuns, zu dem ein Gegenpol Gottes verführt, als Strafe ausgemalt. Da sind wir in der Welt der Teufel und Dämonen. Im Grunde aber geht es um die Gru-

be, die sich der Mensch gräbt und in die er dann selbst hinein-
fällt.

Glauben Sie mir: Es hüpfen keine Teufel herum, die uns zur
Hölle führen wollen. Vielmehr sind wir alle immer selbst versucht,
nicht das zu tun, was wirklich für uns und die Mitmenschen gut
ist. Da gibt der Glaube an eine eigentliche Mitte unseres Lebens
Wegweisung und Kraft.

Der ganze Mensch ist wesentlich

Immer wieder geistert in unserem christlichen Bewusstsein der Gedanke herum, dass der Mensch im Kampf gegen das Böse und für das Gute seinen Geist und seinen Körper züchtigen müsste, dass er seine bösen Gedanken und das Verlangen des Fleisches gefälligst zu unterdrücken hätte. Kurz: Dass jedes Lustempfinden einen bösen Hintergrund hätte.

Wie diese verachtende Haltung gegenüber Lust und Leidenschaft in das Christentum kam, kann man wohl historisch erklären. Kaum zu verstehen ist aber die Hartnäckigkeit, wie sich diese Gedanken trotz aller Gegenargumente einfach nicht vertreiben lassen.

Im jungen Christentum herrschte eine Art kollektiver Pessimismus. Die Menschen glaubten, das Ende der Welt wäre nahe und dass dann Christus als Richter wiederkehren werde. Für dieses Wiederkommen Christi wollte man bereit sein. Da war nur mehr das innere und äußere Dasein für den Herrn wichtig und richtig. Wahrscheinlich flossen auch die Gedanken mancher christlich gewordener Essener herein, einer jüdischen Sekte, die glühend und durch ein äußerst asketisches Leben den Messias erwartete. Die Verfolgungszeit der ersten drei Jahrhunderte war ebenfalls nicht besonders hilfreich, zu einem frohen Leben zu ermuntern.

Nachdem die Christen dann tatsächlich keine Verfolger mehr zu fürchten hatten, regte sich das ganz natürliche Bedürfnis der Menschen, endlich wieder uneingeschränkt zu leben. Das führte zunächst auch zu einem gewissen Schlendrian. Augustinus, der in seinen jungen Jahren all das tat, was Gott und Welt verboten haben, fand nach einem langen persönlichen Kampf zum Glauben.

Ihm wurde bewusst, wie falsch er früher gelebt hatte, und so wandte er sich aus dieser Erfahrung heraus ganz vehement gegen alles, was Lust versprach. Man sieht, wie sich auch in heiligen Menschen das Menschliche zeigt und Augustinus nach seiner Bekehrung Dinge lehrt, die in ihrer Einseitigkeit sicher nicht christlich sind. Durch ihn kam eine leibfeindliche Haltung ins Christentum herein. Wenn auch Thomas von Aquin im 12. Jahrhundert sehr klar gesagt hatte, dass die Lust gottgewollt und nur die Unordnung der Lust Sünde sei, hielt sich diese leibfeindliche Haltung hartnäckig: „Der Leib ist schlecht, die Seele ist gut."

An sich ist diese weltverneinende Haltung nicht christlich: Gott schuf den Menschen so, wie er ist, mit Leib und Seele, und es heißt in der Schrift: „Er sah, dass es gut war." Christus selbst lebt an sich nicht nur asketisch, was die Pharisäer zu harter Kritik veranlasst. Er isst und trinkt mit seinen Jüngern und auch wenn er eingeladen ist – ganz im Gegensatz zum Bußprediger Johannes. Man nennt ihn sogar einen Freund der Fresser und Säufer. Er macht deutlich, dass die Gesetze und Gebote des Alten Bundes, so sie das Alltagsleben betreffen, für den Menschen da sind, nicht aber der Mensch für diese Gesetze. Christus kennt keine Askese (Übung der Enthaltsamkeit) um der Askese willen, sondern nur eine um des Reiches Gottes willen.

Der Mensch ist ein Wesen, in dem viele Bereiche wirksam sind – und die bestimmen seinen individuellen Charakter. Bei einer Wallfahrt machte ich eine eigenartige Erfahrung: Während des Rosenkranzes hatten wir auf der untersten Altarstufe frei zu knien. Nach fünf Minuten hatte ich nur noch unheilige Gedanken: Mir tat alles weh, mein Körper revoltierte. Mein Verstand hatte sofort die Lösung parat: „Aufstehen, hinsetzen!" Nur meine Gefühle spielten verrückt: „Es darf doch nicht sein, dass ich das nicht schaffe", habe ich mir gesagt. Oder: „Dann sagen alle: ‚Du bist nicht fromm!'" Ich kniete bis zum Schluss: Verspannt, verhärmt und – glauben Sie mir – wirklich nicht fromm. Es gibt Situationen, in denen der Verstand wirklich gefragt ist, andere, in denen unsere emotionalen Bereiche wichtig sind. Und dann gibt es solche, in denen der Körper das Sagen hat, abgesehen von manchen anderen Bereichen, die auch noch zu beachten sind: Es kommt auf den ganzen Menschen an mit all seinen Facetten.

Benedikt war in dieser Frage beglückend natürlich. Er sah in seiner Regel stets den Menschen mit Leib und Seele. Er kennt keinen einseitigen Spiritualismus. Wenn es um das Essen geht, wird er sogar sehr umsichtig und vorsichtig. Während er sonst ganz klare Anordnungen gibt, spürt man bei seinen Worten, mit denen er das Maß für Speise und Trank festsetzt, einige Bedenken (RB 39 u. 40). Mit Rücksicht auf die Schwächen Einzelner meint er, es müssten zwei gekochte Speisen für die tägliche Hauptmahlzeit zur Verfügung stehen, dazu Obst und Brot. Wenn härtere Arbeit zu verrichten sei, solle der Abt mehr geben. Der Wein sei nach der Ansicht der alten Mönchsväter für Mönche überhaupt nichts, da man das aber den Mönchen zu seiner Zeit nicht mehr beibringen könne, gibt Benedikt die weise Vorschrift, es solle lediglich darauf geachtet werden, dass sich nicht Übersättigung und Trunkenheit im Kloster einschleichen. Immer wieder betont Benedikt, dass die Klimaverhältnisse und das Maß an Arbeit zu berücksichtigen seien. Daran halten sich eigentlich heute alle Diät-Ratgeber, die nach Erscheinen monatelang die Bestsellerlisten beherrschen. Im Grunde sollten laut Benedikt alle so viel Nahrung bekommen, wie sie eben brauchen. Benedikt achtete also auf die körperliche Befindlichkeit seiner Mönche. Er nahm auch Rücksicht auf emotionale Bereiche: Wenn einem die Arbeit zu viel wird, soll er Hilfskräfte erhalten (RB 35, 3), dass er nicht traurig wird. Diese Hilfskräfte nennt Benedikt solatia, „Tröstelein". Wenn einer meine, einen Auftrag nicht ausführen zu können, solle er das dem Abt sagen (RB 68). „Überhaupt soll alles so geregelt werden, dass es den Brüdern zum Heil dient und dass sie ohne berechtigten Grund zu murren ihre Arbeit tun" (RB 41, 5).

Der ganze Mensch mit all dem, was ihn ausmacht, lebt in dieser Welt. Einseitige Sichtweisen haben den Betroffenen immer nur geschadet. Warum gibt Gott den Menschen Geschmackszellen, wenn ihnen dann das Essen nicht schmecken dürfte? Warum haben sie ihre Emotionen, wenn sie diese nur zu unterdrücken hätten? Warum haben sie einen Verstand, wenn sie ihn nicht einsetzen sollten? Es gab Zeiten, in denen nur der Verstand zählte, etwa während der Aufklärung. Dann gab es Zeiten, in denen nur Gefühle den Ausschlag geben sollten, wie in der Romantik. Heute zählt vielfach nur mehr der Körper. Wir leben im reinsten Materialismus. Aufklärer, Schwärmer, Bodybuilder: Alle drei zusammen würden einen bemerkenswerten Menschen abgeben. Jeder Einzelne für sich bleibt unvollständig. Wenn nur der Verstand gesehen wird, erfriert der Mensch, wenn nur Gefühle kreisen, zerfließt er. Wenn nur der Körper zu bestimmen beginnt, dann wird der Mensch zu einer geistlosen, leeren Hülle.

Der Mensch wird von seinen charakterlichen Anlagen geprägt, von seinen anerzogenen Gewohnheiten und von der Umwelt. So werden wir zu ganz bestimmten Wesen, in denen verschiedene Bereiche besonders stark hervortreten. Manche sind Verstandesmenschen. Sie vertrauen bloß auf ihren Geist und betrachten ihre Welt nur durch diese Brille. Natürlich regen sich auch Gefühle in solchen Menschen, aber vielfach glauben diese dann, sie dürften solche Gefühle nicht hochkommen lassen, müssten sie unterdrücken und verdrängen, weil die Gefühle eben vom Verstand her beherrscht werden müssten. Daran hat übrigens nicht einmal der Aufklärer Georg Büchner geglaubt. Als Beispiel führte er dafür in seinem Drama „Woyzeck" einen Arzt vor, der dem armen Woyzeck befehlen wollte, wann dieser sein Wasser lassen dürfe. Der Wissenschaftler scheiterte natürlich kläglich.

Genauso gibt es Menschen, die eher von ihren emotionalen Anlagen geprägt sind. Immer und überall sind sie versucht, sich von Gefühlen leiten zu lassen. Sie überlegen nicht viel, sondern handeln rein nach dem, was sie spüren. Sie wehren sich gegen ihren Verstand, der manchmal bremsen, die Gefühle in Schranken halten möchte. Bisweilen neigen solche Typen dazu, reine „Seelchen" zu werden.

Bei anderen wieder steht die körperliche Befindlichkeit im Vordergrund. Essen und Trinken werden nahezu zu Lebensinhalten, körperliches Wohlbefinden ist alles. Es ist interessant, dass auch in religiösen Bereichen die Körperlichkeit sehr wichtig genommen wird, aber in einem eher negativen Sinn. Alles, was mit dem Körper zusammenhängt, dürfe nur so lange wichtig sein, als es zum Leben nötig ist. Die Sexualität etwa solle nur zur Fortpflanzung dienen, jede körperliche Lust wird negativ gesehen. Sosehr solche Ansichten in der Kirche immer da waren und sind, sind sie eigentlich zutiefst unchristlich, wenn man das bedenkt, was Jesus Christus zu diesen Bereichen sagt. Auch der heilige Benedikt, der durchaus ein strenges Leben führt, gibt vernünftigere Weisungen.

Alle diese Sichten sind Einseitigkeiten. Jeder Bereich ist für gutes und gesundes menschliches Leben nötig: Einmal wird der Verstand regulierend eingreifen müssen, dann werden Gefühle den rechten Weg weisen, und auch der Körper mit all seinen Sinnen ist wesentlich für ein frohes und gesundes Leben. Einseitige Sichtweisen lassen den Menschen letztlich nicht jenes Wesen sein, das – im Glauben gesehen – Gottes Ebenbild ist.

„Mach es anders": Wenn wir uns unseres Lebens freuen, über alles, was uns schmeckt, was Wohlbehagen und Zufriedenheit schenkt, froh sind, wenn wir als glückliche Menschen leben, ist das Gott sicher wohlgefälliger, als wenn wir mit herber und verbitterter Miene herumlaufen. Man müsste es uns auch ansehen, dass wir frohe Menschen sind. Sicher hat alles seine Zeit. Es wird ernste und harte Phasen geben, immer wieder aber viel Raum für das Froh-Sein. Eine große Heilige, Teresa von Ávila, hat es einmal so treffend ausgedrückt: „Wenn Rebhuhn, dann Rebhuhn, wenn Fasten, dann Fasten."

Jeder Mensch ist eine ganz bestimmte Persönlichkeit

Wenn ein Mensch geboren wird, dann kommt er bereits mit einer festgelegten Mischung verschiedener charakterlicher, intellektueller und körperlicher Gegebenheiten zur Welt. Sie wurden ihm von seinen Eltern vererbt. Wie diese Mischung genau aussieht, liegt nicht in der Hand des Menschen. Aber über eines kann er sich auf alle Fälle freuen: Schon unmittelbar nach seiner Geburt war er ein ganz einmaliges Wesen. Ein Wesen sogar, das es bislang noch nicht gegeben hat und auch nicht mehr geben wird: Ein einmaliger Gedanke Gottes, wenn man es theologisch formulieren möchte.

Dieser durch seine angeborenen Grundzüge bestimmte Mensch wächst nun in einer ganz bestimmten Umgebung auf: Elternhaus, Kindergarten, Schule, Freundeskreis. Seine Grundbestimmtheiten erhalten dadurch noch manche Prägung und Eigenart.

Benedikt sieht nun in seinem Kloster ganz klar diese mit ganz bestimmten Eigenarten geborenen und gewordenen Menschen. Er trägt dem Abt auf, diese „bestimmten Menschen", die sie nun einmal sind, zu sehen. Er weiß, dass das keine leichte Sache ist: Der Abt „muss wissen, welch schwierige und mühevolle Aufgabe er auf sich nimmt, Menschen zu führen und der Eigenart vieler zu dienen ... nach der Eigenart und Fassungskraft jedes Einzelnen, soll er sich auf alle einstellen und auf sie eingehen" (RB 2, 31 u. 32).

Der Abt muss sich auf alle einstellen. Jeder ist anders, er muss den einen tadeln, den anderen ermutigen, muss Strenge mit gutem Zureden verbinden, wie jeder es nun einmal braucht. Er muss ein gutes Gespür für den rechten Augenblick haben (RB 2, 23 u. 24).

Der einzelne Mönch soll also so genommen werden, wie er nun einmal ist. In diesem Zusammenhang führt Benedikt dem Abt vor Augen, dass er einst wird Rechenschaft darüber ablegen müssen, wie er seine Brüder führt.

Immer wieder geschehen unter Menschen Dinge, die den Einzelnen nicht so sein lassen, wie er ist. Natürlich muss jeder auch selbst an sich arbeiten, damit seine Stärken sich entwickeln können und er seine Schwächen in den Griff bekommt. Sehr viel Verantwortung tragen hier aber vor allem die Erziehungsberechtigten. Sie entscheiden mit ihrer Erziehung wesentlich darüber, ob der ihnen anvertraute Mensch das werden kann, was in ihm grundgelegt ist. Und natürlich wird an einem Menschen sein ganzes Leben lang herumgeschliffen. Aber die wesentlichen Grundzüge – die sollen bleiben können. Denn sie machen doch das Wesen aus, das Gott gewollt hat. Man hat in Klöstern viele Brüder gebrochen, sie mit psychischer und religiöser Gewalt in bestimmte Richtungen gedrängt. Aus welchen Gründen immer solches auch geschehen ist – benediktinisch ist es gewiss nicht. Es wird noch deutlich werden, wenn es um die Gemeinschaft geht: Benedikt möchte, dass der einzelne, ganz bestimmte Mensch in Freiheit sich in seine Gemeinschaft einbringt und gerade dadurch frei wird, das zu tun, was ihm durch seine Eigenart und Fähigkeit geschenkt ist.

Wenn ich dabei wieder an meinen Werdegang denke: Ich bin ins Kloster gekommen, habe in Salzburg und Wien Theologie und Philologie studiert und kam dann zurück ins Kloster. Ich begann zu unterrichten, immer mehr neben Latein und Griechisch auch Religion, wurde Seelsorger an der Schule und darüber hinaus, ich konnte meine Fähigkeiten einbringen. Es war für mich eine schöne und erfüllte Zeit, in der ich genau das machte, wozu ich Fähigkeiten hatte und was ich gerne tat. Ich konnte frei von sonstigen Sorgen wirken, weil andere in unserer Gemeinschaft für jene Dinge sorgten, um die ich mich überhaupt nicht kümmern wollte, um die alltäglichen Dinge des Lebens. Was musste ich mir schon um Essen und Kleider Gedanken machen? Unsere kirchliche Kleidung hat nämlich durchaus einen großen Vorteil, der auch jedem weltlichen Menschen sicher einleuchten wird. Wie sagte etwa der Architekt und Karikaturist Gustav Peichl so schön: „Wer sich mit der Mode verheiratet, der ist schnell Witwer." Diese Erfahrung brauchte ich noch nicht machen. Und wenn ich dann noch den Zeitgewinn bedenke, weil ich mir täglich keine Gedanken darüber machen muss, was ich anziehe, errechne ich mir für die vergangenen 50 Jahre 3500 Minuten.

So lebte ich also im Schoß meines Ordens recht glücklich. Aus diesem unbeschwerten Leben wurde ich herausgerissen, als ich Abt wurde. Ich habe mich innerlich sehr dagegen gewehrt, mir dann aber gesagt, ich könne nicht immer vom Willen Gottes reden, wenn ich ihn in der Wahl meiner Mitbrüder nicht sähe.

Letztlich ist es nur in einer Gemeinschaft möglich, dass jeder Einzelne sich dort ganz einbringen kann, wo er Fähigkeiten hat. Er kann sich so auf seine Aufgabe konzentrieren, alles Übrige machen andere mit ihren Fähigkeiten. Als ich Abt wurde, meinte ich für dieses Amt nicht fähig zu sein, weil ich wirtschaftlich keine Ahnung hatte. Meine Mutter hat gesagt, ich würde das Kloster in den wirtschaftlichen Ruin führen. Ein Mitbruder, der mich sehr gut kannte, ätzte: „Du weißt ja nicht einmal, was der Schilling wert ist." Nachdem ich „Ja" gesagt hatte, war mir klar, dass ich jemanden suchen musste, der vom Wirtschaften etwas verstand. Ich habe jemanden gefunden und wir haben miteinander gearbeitet. Er hat die einschlägig wirtschaftlichen Belange bearbeitet, ich habe mein Augenmerk auf die menschliche und spirituelle Seite gelegt. Wir wussten beide, was wir können und was nicht unsere Stärke ist. Nicht Eifersucht, Neid und Rivalität trübten unser Wirken, sondern Freude und Anerkennung über und für das Tun des anderen prägten unsere Zusammenarbeit. So konnten wir miteinander manches zustande bringen. Dabei war DI Josef Kollmayer nur nebenbei unser Wirtschaftsführer, weil er hauptamtlich das Mensalgut des Wiener Erzbistums verwaltete. Dieses Miteinander von verschiedenen Menschen, die ganz unterschiedliche Begabungen haben, die sich dann in ihrer Weise einbringen können, ist sicher ein Geheimnis klösterlichen Erfolges. Das Wissen um diese Tatsache hatte mich auch dazu bewogen, zu meiner Abtwahl „Ja" zu sagen.

Bevor ich Abt wurde, hatte ich manche Idee gehabt, wollte manches ändern. Wenn ich solche Gedanken geäußert hatte, hörte ich immer wieder die aufbauende Bemerkung: „Das geht nicht! Was wollen Sie? Das Kloster denkt in Jahrhunderten!" Ein Grund, der mir das Ja zur Wahl erleichterte, bestand darin, dass ich dann doch meinen Mitbrüdern die Möglichkeit geben konnte, einiges zu ändern, neu anzugehen. Manches ist auf diese Weise geworden, weil Einzelne gerade ihre Fähigkeiten verwirklichen konnten.

Wenn Menschen zusammenleben, gibt es immer wieder die Tendenz, dass einzelne starke Persönlichkeiten dieses Zusammenleben bestimmen, ihm ihren Stempel aufdrücken. Man kann das ganz gut beobachten, wenn zwei heiraten. In der Zeit des Kennenlernens möchte man den anderen nicht verunsichern, geht auf ihn ein, nichts stört. Wenn man dann geheiratet hat, beginnen die vielseitigen pädagogischen Versuche, den anderen dorthin zu bringen, wo man ihn haben möchte. Sicher muss sich manches abschleifen, das Miteinander kann ohne Kompromisse und Rücksichtnahme nicht funktionieren. Aber es muss jeder in den Grundzügen der Mensch bleiben können, der er ist. Nur dann wird eine Ehe, wie überhaupt jedes Miteinander, gut gehen. Also dann, wenn alle Teile das einbringen können, was ihnen geschenkt ist. Nur dieser Weg führt zu einem erfüllenden Miteinander, das froh und glücklich macht. Nur wenn man den Menschen ihre Eigenart lässt, kann Gemeinschaft bestehen; wie Benedikt meint, dass es für den Abt gelte, der Eigenart vieler zu dienen, nach der Eigenart und Fassungskraft sich jedes Einzelnen anzunehmen und auf ihn einzugehen.

Als ganz bestimmte Menschen leben wir in einer Gemeinschaft

Das höchste Gut des Menschen ist seine Persönlichkeit, die es ein zweites Mal nicht gibt. Leider ist aber in unserer modernen Gesellschaft immer öfter zu beobachten, dass viele Menschen nur noch ihre Eigenarten fördern und pflegen – was zur Folge hat, dass Gemeinschaftsfähigkeit stetig abnimmt und dem Leben in der Gemeinschaft kaum mehr Wert beigemessen wird.

Dabei sind wir gewiss nicht als Einsiedler geboren, sondern stehen in Beziehung zu verschiedensten Menschen, die uns näher oder ferner sind, die uns gegeben oder aufgegeben sind. Schon im Paradies hieß es: „Es ist nicht gut, dass der Mensch allein bleibt, ich will ihm eine Hilfe machen, die ihm entspricht" (Gen. 2, 18). Und Adam war, nachdem ihm Eva gegeben worden war, glücklich: „Das endlich ist Bein von meinem Bein und Fleisch von meinem Fleisch" (Gen. 2, 23).

Für Benediktiner ist dieses Miteinander in einer klösterlichen Gemeinschaft grundlegend. Sie legen ein eigenes Gelübde ab: die sogenannte Conversatio morum, den klösterlichen Lebenswandel in einer bestimmten Gemeinschaft. In einem Kloster treffen die verschiedensten Menschen aufeinander, die, aus welchen Gründen auch immer, gerade in diese Gemeinschaft gekommen sind. Und diese bestimmten Menschen bilden wieder eine ganz bestimmte Gemeinschaft, die durch die Eigenart und die Begabungen der Einzelnen ihre ganz bestimmte Prägung erfährt. Deshalb ist auch jedes Benediktinerkloster völlig anders. Es bildeten sich für alle Klöster bestimmte Lebensweisen, Gewohnheiten (consuetudines), die ein bestimmtes Kloster dann ausmachen. Alle haben dieselbe Regel, aber sie leben diese nach dem Verständnis jener Brüder, die diese Gemeinschaft bilden.

Das Leben miteinander

Dieses Miteinander ist nicht immer einfach. Weil alle Menschen Individuen sind, wird es manche Verschiedenheiten geben, darin, wie die Einzelnen die Gemeinschaft sehen, ihre Aufgaben erfüllen, miteinander leben.

Beim Zusammensein von Menschen ist klarerweise schon durch die Verschiedenheit der einzelnen Charaktere keine mathematische Gleichschaltung möglich. In Benedikts Kloster kamen freie Römer, freigelassene Sklaven und Germanen aus einem gänzlich anderen kulturellen Umfeld. Wenn man will, kann man diese Gemeinschaft neudeutsch eine Art „Multikulti-Kommune" nennen. Heute sind es jüngere, ältere, von ihrer Herkunft und ihrem Bildungsstand sehr unterschiedliche Menschen, die sich arrangieren müssen. Dabei soll es kein Ansehen der Person geben (RB 2, 16): „Ob Sklave oder Freier, in Christus sind wir alle eins" (RB 2, 20). Das war zu Benedikts Zeiten unerhört und ist auch heute nicht immer so klar. Wie das Misstrauen und die fehlende Nächstenliebe gegenüber Immigranten in der westlichen Gesellschaft leider immer öfter beweisen.

Benedikt möchte, dass jeder erhält, was er braucht (RB 34). Nicht das Ansehen der Person, sondern Rücksicht auf Schwächen soll dabei ausschlaggebend sein. Auf diese Weise bekommt der eine mehr, der andere weniger. Dadurch können Traurigkeiten, Eifersüchteleien und Ähnliches entstehen. Manche könnten sich gegenüber ihren Mitbrüdern als bessere oder bevorzugte Mitglieder der Gemeinschaft fühlen. Menschliche Schwächen werden gerade in solchen Zusammenhängen virulent. Da wird eine Folge des Gelübdes des klösterlichen Lebenswandels deutlich: Jeder muss an sich arbeiten, dass er seinen Teil beiträgt und sich über den Beitrag des Bruders freut, sodass er froh in der Gemeinschaft leben kann. Das oberste Ziel Benedikts ist der Friede. Benedikt meint, wenn alle das erhalten, was sie brauchen, wenn sie es einander gönnen, dann „werden alle Glieder der Gemeinschaft in Frieden sein" (RB 39, 5). Das Wort „Pax" (Friede) steht über dem Eingang sehr vieler Benediktinerklöster. Dieser Friede ist das große Ziel, dem jedes Kloster mit seinen Mönchen zustrebt, zu dem es unterwegs ist.

Im Grunde geht es in diesem Zusammenhang um die Gemeinschaftsbezogenheit all dessen, was im Kloster vorhanden ist, was im Kloster geschieht. In meiner Gemeinschaft gibt es etwa einige Autos, die den Mitbrüdern zur Verfügung stehen, wenn sie diese brauchen. Nicht jeder hat ein Auto, sondern diese Autos sind für alle da. Wenn einer ein Auto braucht, muss er immer wieder an die Gemeinschaft denken und erfährt manches Mal Einschränkungen. Wenn Sie so wollen, ist dieses Modell linker als links zu betrachten. Ein eigenes Auto hatte man nämlich in den allermeisten Fällen sogar im kommunistischen Alltag der DDR. Dank einfühlsamen Mitdenkens und lebendigen Miteinanders stellt ein solcher materieller Mangel in unserer Gemeinschaft eigentlich kein Problem dar. Vorausgesetzt muss dabei natürlich werden, dass man ständig an sich arbeitet. Geschieht das nicht, dann sind aber auch bei uns bisweilen ganz schöne Schwierigkeiten vorprogrammiert.

In meinen jungen Priesterjahren wirkte ich einige Jahre neben meinem Studium als Sonntagkaplan in einer Pfarre. Es gab dort einen jungen Mann, der schulisch nur mit vielen Problemen durchkam. Der sagte einmal zu mir, er wisse, dass er nicht gescheit sei, aber der liebe Gott habe ihm geschickte Hände gegeben, er war handwerklich wirklich außerordentlich begabt. Als ich später Lehrer an unserem Gymnasium war, hatte ich einen intellektuell höchst talentierten Schüler, der aber mit seinen Füßen leicht behindert war. An sich hätte er ohne Probleme eine Turnbefreiung bekommen. Doch sein Vater, der Arzt war, wollte, dass er den Turnunterricht besuche, er solle ruhig das machen, was er könne. Das war in der Tat sehr wenig. Der Turnlehrer gab ihm ein „Befriedigend", das eigentlich geschenkt war, und doch tat dieser Schüler eigentlich für seine Verhältnisse weit mehr als manch körperlich Gesunder, der ein „Sehr gut" hatte. Eine objektive Benotung kann in solchen Situationen nicht zielführend sein. Eine Note müsste mit Rücksicht darauf gegeben werden, was der Betreffende im Vergleich zu seinem Talent leistet.

Gemeinschaftliches Miteinander wird immer zu Problemen und Spannungen führen. Manche tun sich leicht, strengen sich nicht sehr an. Andere dagegen müssen sich plagen, erreichen nur mit Mühe das, was die einen spielend schaffen. Manche sind ehrgeizig, andere wollen sich nur den einen Vorwurf nicht machen lassen, dass sie zu viel getan hätten, wie mir ein Maturant nach seiner missglückten Deutschmatura beteuerte. Es wird immer wieder erforderlich sein, Rücksicht zu nehmen, alle Aspekte zu beachten, die eigenen Fähigkeiten ehrlich zu sehen, sich nicht zu kränken, wenn andere mehr erreichen. Besser ist es, die gemeinsame Sache zu sehen, zu der jeder das Talent einbringt, das ihm geschenkt wurde. Der eine ist sehr belesen, der andere wiederum handwerklich mit sehr viel Talent gesegnet. Wieder ein anderer hat das Gespür für bestimmte Dinge, das vielen nicht gegeben ist. Wieder ein anderer ist fürchterlich ungeduldig, bringt dadurch wohl manches weiter, zerstört anderes jedoch in seiner Hast. In jedem Menschen finden sich sehr viele gute Eigenschaften, ganz bestimmte Eigenarten, die an sich neutral sind und ihn zu Gutem führen, aber auch zu weniger Gutem und Bösem ziehen können. Da liegt es ganz bei jedem Einzelnen. Er muss an sich arbeiten, dass das Gute wirksam wird, dass er das weniger Gute in den Griff bekommt.

Wie diese Arbeit aussehen kann? Indem er versucht, nicht in erster Linie die Fehler der Mitmenschen zu sehen und sich über sie zu ärgern, sondern täglich zu sich selbst sagt: „Erkenne dich selbst." Trotz aller Probleme kann ein gutes Weiterkommen dann geschehen, wenn jeder sich so einbringt, wie es ihm gegeben ist, und wenn er auch den anderen Raum lässt, sich einzubringen.

Die ständige Arbeit an sich selbst

Wie eben angeklungen, setzt das bewusste Miteinander verschiedener Persönlichkeiten eine ständige Arbeit an sich selbst voraus. Ich zum Beispiel bin ein sehr impulsiver Mensch. Immer wieder fällt mir etwas ein, was zu tun oder zu bewegen wäre. Klarerweise braucht man zur Verwirklichung andere Menschen, diese anderen sind aber oft nicht zu bewegen, finden eine Idee nicht vernünftig, sie wollen einfach nicht. Dann neigt man oft dazu, seine Argumentation zu verschärfen: „Mit euch kann man nicht!" Die Wortwahl wird deftiger, der Ton rauer. Die Auseinandersetzung geschieht nicht sehr liebevoll. Ich muss zur Kenntnis nehmen, dass die anderen nicht mittun wollen, es bleibt jedoch ein bitterer Nachgeschmack: „Mit denen kann man nicht, mit denen werde ich nie mehr etwas anfangen." Es dauerte dann auch bei mir oft ziemlich lange, bis ein vernünftiges Miteinander wieder möglich war.

So erging es mir immer wieder. Erst als ich in Salzburg Theologie studierte, wurde mir das bewusst. Ich sprach darüber mit meinem geistlichen Begleiter. Er sagte mir sehr trocken: „Sie sind eben ein impulsiver Mensch." Die Impulsivität ist an sich neutral, sie lässt einem auch Ideen zufliegen und gute Dinge angehen, das ist sehr positiv. Wenn man aber mit seiner Impulsivität allein bleibt, führt sie zu negativen Erscheinungen: Etwa zu lieblosen Bemerkungen, die andere kränken, zur Ausgrenzung derer, die nicht mitmachen wollen. Sie führt sogar dazu, dass man nachtragend wird. Da ist man dann gefordert, an sich zu arbeiten. Und zwar in jenem Sinne, dass die positiven Seiten der Impulsivität bleiben, dass die Geduld wächst und dass man die negativen Seiten wie Lieblosigkeit, Ausgrenzung, Nachtragen ausschaltet.

In diesem Sinne habe ich bewusst an mir zu arbeiten begonnen. Nach geraumer Zeit war wieder einmal eine einschlägige Sache passiert und alles lief nach dem bekannten Muster ab. Ich redete wieder mit meinem geistlichen Begleiter darüber und meinte, es nütze alles nichts, es sei immer dasselbe. Er erwiderte, das sei eben meine Eigenart. Er habe aber immerhin den Eindruck gehabt, dass ich nicht mehr so lange „hinten nach gesponnen" hätte und nicht ganz so resigniert wie früher gewesen sei. Da hatte er recht. Ich habe die Sache nicht mehr so lange nachgetragen. Als ich Salzburg nach einigen Jahren verließ, hatte ich mich eigentlich ganz gut in der Hand. Ich explodierte in den geschilderten Situationen zwar nach wie vor – aber schon fünf Minuten später konnte ich das Vorgefallene analysieren und gewann dadurch eine entsprechende Einsicht.

Man könnte nun meinen, ich sei gut, weil ich das alles geschafft habe. Dem ist durchaus nicht so. Wenn man bei einem Fass ein Loch verschließt, schafft sich der Druck nämlich ein anderes Ventil. 20 Jahre später, als Abt, wollte ich wieder einmal ein paar Akzente setzen. Jahrzehntelang waren meine Energien auf Sparflamme gesetzt gewesen. Jetzt konnte ich einiges angehen, dabei kam meine alte Art aber wieder durch. Als ich einmal in einer schwierigen Auseinandersetzung einsehen musste, dass man mich im Regen stehen ließ, dass meine Mitbrüder nicht mitgehen wollten, entschlüpfte mir der verärgerte Satz: „Wenn das so ist, dann trete ich als Abt zurück." Das wollte natürlich niemand und man erklärte mir freundlich, aber bestimmt, dass ich meine Mitbrüder mit dieser Drohung erpressen würde. Das wollte ich nun auch wieder ganz und gar nicht. Aber, wenn ich ehrlich war, musste ich zugeben, dass es genau darauf hinaus lief. Ich sagte ihnen dann: „Ihr kennt mich ja, in fünf Minuten trete ich sicher nicht mehr zurück." Das war wieder ganz dasselbe Muster und doch hatte mich das Leben schon einiges gelehrt.

Jetzt bin ich alt, habe die Verantwortung abgeben können und bin doch derselbe Mensch. Wenn ich manchmal feststellen muss, dass ich nicht mehr das Sagen habe, bin ich leise gekränkt. Doch wenig später kann ich wieder über mich selbst lachen. Aber es ist dieselbe Wurzel. Ich bin trotz Arbeit an mir selbst derselbe Mensch mit seiner Impulsivität geblieben, der bis zu seinem Tod weiter an sich arbeiten muss, dass alles in Grenzen bleibt und für meine Gemeinschaft zumutbar ist.

Wir sind alle ganz bestimmte Menschen mit einer angeborenen, anerzogenen und gewordenen Eigenart. Es leben in jeder Gemeinschaft die unterschiedlichsten Typen miteinander, sind aufeinander angewiesen, brauchen einander. Für Benedikt ist dieses Miteinander seiner klösterlichen Gemeinschaft eine Gegebenheit, die Arbeit an sich selbst voraussetzt.

Wie gesagt, es gibt verschiedenste Typen. Philosophen und Psychologen haben Typeinteilungen erdacht. Alle diese Temperamenteinteilungen sind irgendwo wichtig, sagen aber im Grunde überhaupt nichts über den Wert eines Menschen. Ob ich Sanguiniker oder Choleriker oder Phlegmatiker – oder wie immer diese Typen heißen mögen – bin: An sich ist jeder dieser Typen, die noch dazu gar nicht rein vorkommen, eine normale charakterliche Struktur, die weder gut noch böse ist. Ob meine Handlungen für mich und für meine Mitmenschen zum Guten oder zum Bösen führen, hängt davon ab, wie ich an mir arbeite.

Ich habe an meinem Beispiel das Thema der Impulsivität zu erklären versucht, die in beide Richtungen tätig werden kann. Es gibt auch sehr phlegmatische Menschen, die überhaupt nichts aus der Ruhe bringt. Dieser Charakter kann sehr positive Auswirkungen haben. Ein solcher Typ kann in Ruhe und Gelassenheit entscheiden und leben. Er wird nichts übereilt tun, nicht so schnell etwas zerschlagen. Auf der anderen Seite werden solche Menschen auch nicht leicht Initiativen ergreifen, sondern eher bremsen, wo es geht. Sie werden nicht von vornherein unterwegs bleiben. Sie müssten also in dieser Richtung an sich arbeiten.

Die Arbeit an sich ist so nicht nur Sache eines Benediktiners oder eines Christen, sondern eigentlich Aufgabe jedes Menschen, der sein Leben in dieser Welt und mit seinen Mitmenschen ernst nimmt und froh und erfüllt seinen Weg gehen will.

Menschliches Leben verlangt immer wieder Entscheidungen

Das gemeinsame Suchen nach dem, was richtig ist

Man hat vom Kloster gewöhnlich die Vorstellung, dass es dort einen Oberen gäbe, einen Abt, der alles bestimmt und festlegt und dem alle zu gehorchen hätten. Aber in einem Benediktinerkloster ist dem nicht so. Benedikt bezieht die ganze klösterliche Gemeinschaft in die Entscheidungsfindungen ein. Natürlich hat der Abt, ganz im Verständnishorizont der Zeit, die letzte Entscheidung. Vorher jedoch muss er alle Brüder um Rat fragen: „Sooft etwas Wichtiges im Kloster zu beraten ist, soll er die ganze Gemeinschaft zusammenrufen und selbst darlegen, worum es geht. Er soll den Rat der Brüder anhören und dann mit sich selbst zu Rate gehen" (RB 3, 1 u. 2). Und Benedikt fügt noch etwas hinzu, was für die damalige Zeit völlig unerhört ist: „Dass aber alle zur Beratung zu rufen seien, haben wir deshalb gesagt, weil der Herr oft einem Jüngeren offenbart, was das Bessere ist" (RB 3, 3). Benedikt argumentiert vom Glauben her, dass Gottes Geist eben weht, wo er will. Was prinzipiell auch vernünftig ist. Ältere Menschen haben durch ihre Erfahrungen gelernt, dass vieles einfach nicht geht, und sind vorsichtiger. Jüngere Menschen wieder sagen sich: „Warum soll es nicht gehen?" – und wagen einfach etwas. Die Aufgabe des Abtes liegt darin, darauf zu achten, dass nicht – um es mit einem Vergleich vom Autofahren zu sagen – gleichzeitig die einen auf der Bremse und die anderen auf dem Gashebel stehen. Es wird deutlich, dass es in einem Benediktinerkloster wesentlich demokratischer zugeht als sonst in der Kirche.

Im Grunde wird in unseren Klöstern nach dem Willen Gottes gesucht. Dessen Wille ergab sich für Benedikt aus den Zehn Geboten. Von einem persönlichen Gewissen war damals noch nicht die Rede. In unserem gemeinsamen Überlegen und in Gesprächen über die Probleme klingt jedoch unmissverständlich an, dass ein Einzelner sehr wohl eine bessere Sicht haben kann. Aus dieser Sicht fließt der Gehorsam gegenüber dem, was Gottes Wille ist – und der wird dann gemeinsam gesucht. Gut möglich, dass dabei oft ganz andere Dinge herauskommen, als man sie selbst angedacht hätte. Da ist dann jene Demut gefragt, die anzunehmen versucht, was die Gemeinschaft fordert.

Dieses Reden miteinander führt alle immer wieder zusammen, trotz aller Spannungen und Probleme. Alle erfahren von dem, was die ganze Gemeinschaft betrifft. Wer das so akzeptieren kann, bei dem wird dann auch wieder das Interesse am Geschehen der Gemeinschaft geweckt.

Das gemeinsame Suchen nach dem Willen Gottes geschieht nicht nur in den Beratungen im Kapitel (das eine Versammlung aller Mitglieder der Gemeinschaft ist) oder im sogenannten Seniorenrat (der ein Gremium für weniger wichtige Angelegenheiten darstellt). Es geschieht auch dann, wenn es um Tätigkeiten und Aufgaben einzelner Mitbrüder geht. Ich erinnere mich noch ziemlich genau an das gemeinsame Bemühen des Abtes und mir, als ich damals so gar nicht Latein und Griechisch studieren wollte. Das war eine ehrliche, gemeinsame Auseinandersetzung, die mir Wege wies, die ich eigentlich nicht hatte gehen wollen, und die sich doch, wie sich später zeigte, als gut und richtig für mich herausstellen sollten.

Dieser Prozess der Wegfindung kann bisweilen hart und schwer sein. Das erfuhr ich in mancher Situation, vor der ich als Abt gestanden bin. Es war mir so wichtig, alles zu überlegen, alle zu fragen, alles zu bedenken und dann einen Weg zu finden: die Besetzung von Pfarren, das Finden eines Direktors für unser Gymnasium, manche Weichenstellungen oder persönliche Probleme von Mitbrüdern. Einige Prozesse dauerten lange. Etwa die grundsätzliche Beantwortung der Frage, ob wir unseren Park für Besucher öffnen oder als persönliche Stätte der Ruhe für uns behalten sollten. Die Restaurierungstätigkeit im Haus, die sich fast 20 Jahre hinzog und manche Belästigung brachte, wurde regelmäßig besprochen, um alle Prozesse für alle Brüder einsichtig zu machen. Man kann sich vorstellen, dass das Restaurieren wie auch das ständige Erklären Mühe und Nerven kosteten, aber es war dadurch stets unser gemeinsames Werk.

Wenn ich immer wieder vom Willen Gottes spreche, so geschieht das aus meiner gläubigen Sicht. Wenn jemand nicht glauben kann, spürt auch er in seinem Gewissen, was richtig und gut ist; auch er weiß, dass er sich täuschen kann und wird auf andere hören, um zu finden, was vernünftig ist. So zeigen sich immer wieder richtige Wege. Ich glaube aber, dass Benedikts Weg allen helfen kann: Denen, die glauben – und denen, die nicht glauben.

Wenn eine Partnerschaft, etwa eine Ehe, gut läuft, werden die beiden Partner immer wieder miteinander reden. Der eine Teil sieht etwas so, der andere ganz anders. Wenn die Gesprächsbasis gut ist, dann werden die beiden sicher einen guten Weg finden und gehen. Manche Menschen haben für Entscheidungen, die zu fällen sind, ein sehr lebendiges Gespür, sie wissen sofort, was zu geschehen hat. Dieses Gespür ist zwar nicht unbedingt sehr durchdacht und reflektiert, aber es weist einen Weg. Vielfach nennt man das: „Entscheidung aus dem Bauch". Das ist ein Ausdruck, den ich nicht unbedingt als gelungen bezeichnen würde, weil da für mein Dafürhalten zu wenig von der Persönlichkeit des Menschen mitklingt. Man könnte es besser formulieren, indem man sagt, dass es eine Entscheidung sei, die aus dem Herzen kommt. Immer wieder wird es so sein, dass der Partner sofort bremst und fragt, ob diese Entscheidung überhaupt gut überlegt sei. Da müsse man schon darüber nachdenken, die Vor- und Nachteile genau abwägen. Und dann wird überlegt, geredet; nur damit sich in den meisten Fällen schließlich doch wieder herausstellt, dass die Entscheidung nach dem Gespür schon richtig gewesen wäre. Vielleicht sind noch einige Korrekturen anzubringen. Und nur in wenigen Fällen gewinnt man die Erkenntnis, dass die erste Entscheidung nach dem Gefühl ganz falsch gewesen wäre. Es wird deutlich, dass beides wichtig ist: das Hinhören auf das Gespür und auch die Überprüfung durch den Verstand.

Benedikt sieht in der Beratung, in die er alle Mitbrüder, auch die jüngsten, mit einbezogen wissen möchte, das Suchen nach dem Willen Gottes. Im Grunde geht es dabei um das ganz alltägliche Leben, wie es zu führen ist, was zu geschehen hat, welche Wege gegangen werden sollen. Das setzt eine gesunde Gesprächskultur voraus und auch den Respekt vor dem Partner. Benedikt hat Respekt – selbst vor den ganz jungen Brüdern.

Wenn man diesen Respekt hat, werden nicht nur die Kinder vor den Eltern Respekt haben, sondern auch die Eltern vor den Kindern. Wenn man innerlich offen und bereit ist, auf andere zu hören, dann kann man viel lernen – auch die Eltern von ihren Kindern. Ich habe im ständigen Kontakt mit jungen Menschen ungemein viel gelernt, mir vor allem eine große geistige Beweglichkeit bewahrt. Dieser Respekt wäre für alle unsere Begegnungen wichtig und Voraussetzung für ein gesundes und frohes Zusammenleben, in der Familie, im beruflichen Miteinander, im Freundeskreis, wo immer wir mit anderen zusammenkommen.

Die richtigen Entscheidungen

So sehr Benedikt möchte, dass der Abt alle um Rat fragt, so unmissverständlich hält er dem Abt die Pflicht der Entscheidung vor Augen: „Vielmehr liegt die Entscheidung im Ermessen des Abtes. Was er für heilsam hält, darin sollen ihm alle gehorchen" (RB 3, 5).

Natürlich muss sich der Abt seiner Verantwortung bewusst sein und darf nicht nach Gutdünken über alle hinweg entschei-

den: „Der eingesetzte Abt bedenke aber stets, welche Bürde er auf
sich genommen hat und wem er Rechenschaft über seine Verwaltung ablegen muss. Er wisse, dass er mehr helfen als herrschen
solle" (RB 64, 7 f.). Es wurde schon gesagt, dass der Abt die
Persönlichkeit des Einzelnen zu achten hat. Benedikt schärft dem
Abt zwei Dinge besonders ein:

Das rechte Maß

Gibt es Probleme mit Brüdern, müssen sie vom Abt gelöst werden.
Dabei „handle er klug und gehe nie zu weit" (RB 64, 12). Er
könnte das Gefäß zerbrechen, wenn er allzu eifrig den Rost aus-
kratzt. Und auch ein zerknicktes Rohr darf er dabei nicht völlig
zertreten. Ein zutiefst griechischer Gedanke wird hier deutlich.
Ein Gedanke, der in der klassischen griechischen Tragödie immer
wieder vorkommt: Wir müssen das rechte Maß sehen und dürfen
nicht zu weit gehen. Das Übermaß bringt den Untergang mit sich
– nicht nur in großen, tragischen Geschehnissen, sondern auch im
ganz gewöhnlichen alltäglichen Umgang miteinander. Der Abt
darf keine Fehler wuchern lassen. Aber er muss klug und liebevoll
mit ihnen umgehen, eben mit Maß. Kurz: Der Abt „suche mehr
geliebt als gefürchtet zu werden" (RB 64, 15). Weiter schreibt
Benedikt: „So halte der Abt in allem Maß, damit die Starken
finden, wonach sie verlangen, und die Schwachen nicht davonlaufen" (RB 64, 19). Die Legende vom Versuch, Benedikt zu
vergiften, bringt es bildhaft zum Ausdruck, dass es nicht gut sein
kann, anderen sein Maß aufzuerlegen. Starke und Schwache sollten in der Gemeinschaft ihren Platz finden.

Wenn wir an unser Miteinander denken, werden wir immer
wieder feststellen müssen, wie sehr wir die anderen überfordern –
und wie oft auch wir überfordert werden. Wir finden so schwer
das rechte Maß. Selbst bei Menschen, die wir kennen, die wir
mögen, passt uns vieles nicht. Wir möchten, dass sie sich uns

mehr zuwenden, dass sie mehr leisten und dass sie vielleicht etwas lieber sein müssten. Wir bedenken nicht, dass wir alle unsere Grenzen haben, oft zu müde sind, überfordert und ausgelaugt. Da schaffen wir manches nicht, wenn wir auch die Fähigkeiten dazu hätten. Manchmal kann ein Mensch das nicht, was wir von ihm erwarten. Wir aber glauben: „Er müsste es doch schaffen." Dabei ist er aber womöglich wirklich außerstande, diese Erwartung zu erfüllen. Ich habe als Lehrer in der Schule oft die Erfahrung gemacht, dass man den jungen Leuten etwas zutrauen muss. Ich habe also versucht, sie zu motivieren. Bisweilen habe ich damit große Erfolge gehabt: Manche haben Leistungen gezeigt, die ich nie für möglich gehalten hätte. Manchmal aber waren sie am Boden zerstört, weil sie es nicht schafften. Hier das rechte Maß zu halten, ist oft sehr schwer. Dazu muss wohl immer die Kraft des rechten Unterscheidens, die das rechte Maß erkennen lässt, den Weg weisen.

Die Gabe der Unterscheidung (Discretio)

In all seinen Entscheidungen muss sich der Abt „von maßvoller Unterscheidung, der Mutter aller Tugenden" (RB 64, 19), leiten lassen. Diese Discretio meint die Fähigkeit, zu unterscheiden und dann zu entscheiden; zu unterscheiden, was gut und böse ist, was ehrlich oder geheuchelt und was ein Zuviel und ein Zuwenig bedeutet. Es kommt darauf an, die richtige Mitte zu finden. Da gilt es zu hören, und zwar mit dem „Ohr des Herzens" (RB, Pr. 1). Da gilt es die Situation sachlich zu bedenken, Ort und Zeitumstände und vor allem die Stärken und Schwächen der Brüder zu beachten. Aus dem Erkennen muss dann eine Entscheidung fließen können. Auch da ist wieder das rechte Maß gefragt: „Alles geschehe der Kleinmütigen wegen maßvoll" (RB 48, 9). Das ist keine Mittelmäßigkeit, sondern es geht um das Heil des Menschen, also um sein Wohlbefinden. Und was gibt es Größeres, Wichtigeres im Miteinander als den Menschen?

Solange ein Miteinander gut funktioniert, geht das alles gut. Der Mensch neigt jedoch auch dazu, bisweilen nur sich selbst zu sehen. Und es gibt Menschen, die beim besten Willen manches nicht schaffen und an einem Punkt angelangen, wo sie sich eingestehen müssen, dass sie versagt haben. An diesem Punkt setzt nun die Pflicht der Oberen an, eigentlich aber auch die Pflicht der anderen Brüder, die dazu angehalten sind, auf Fehler aufmerksam zu machen und diese zu korrigieren: Zurechtweisung oder Strafe? Letztere war auch bei Benedikt durchaus üblich: vom Fasten bis zur Prügelstrafe bei fehlender Einsicht. Aber als wirksamste Strafe stellte sich ein kurzer Ausschluss aus der Gemeinschaft heraus. Hier den rechten Weg zu finden und maßvoll zu unterscheiden und dann zu entscheiden, ist oft sehr schwer. Als Lehrer in der Schule musste ich eine bittere Erfahrung machen: Ich wollte meine Schüler nicht zwingen, sondern sie geduldig und liebevoll zum Lernen ermuntern. Dabei wurde mir klar, dass viele Schüler bei sturen Lehrern lernten, bei mir aber Güte ausnützten. Das waren oft dunkle Stunden in meinem Lehrerdasein. Auf lange Sicht aber durfte ich erfahren, dass manches von dem aufging, was ich mit viel Mühe und manchmal mit Zweifel gesät hatte, weil ich trotz meiner Skepsis konsequent auf die Güte gesetzt habe.

Als Abt ging es mir nicht viel anders: Ich wollte, dass meine Brüder in Freiheit den Weg in der Gemeinschaft gehen, einfach selbst spüren, was recht und gut ist. Wenn es Abweichungen gab, versuchte ich, diese mit Liebe und Güte bewusst zu machen. Auch da musste ich die Erfahrung machen, dass Güte immer wieder ausgenützt, dass Freiheit missbraucht wird.

Was ist der rechte Weg? Schafft diesen richtigen Weg nur ein Heiliger? Pessimistische Gedanken quälen mich da bisweilen. An sich bin ich von meiner charakterlichen Struktur her ein eher pessimistischer Mensch. So dachte ich beispielsweise bei jeder Prüfung, dass ich durchfallen werde. Irgendwann nahm meinen

Pessimismus niemand mehr ernst, weil ich es ja doch immer wieder geschafft hatte. Ich fürchtete dies und jenes und eigentlich alles. Während meines Theologiestudiums fiel bei einer Vorlesung der Satz: „Wir Christen haben allen Grund, hoffnungslose Optimisten zu sein." Das ist absichtlich paradox formuliert. Wenn ich wirklich glaube, dass Gott da ist, habe ich ja gar keinen Grund, Pessimist zu sein. Da wurde mir bewusst: Es musste anders werden. Ich begann an mir zu arbeiten. Heute sage ich es so: „Wenn ich untergehe (da ist er noch, der Pessimist), dann gehe ich mit fliegenden Fahnen unter." Das heißt, dass ich bis zum letzten Atemzug dagegen kämpfen werde, nicht unterzugehen. Diese Haltung lässt mich trotz allem immer wieder froh meine Wege gehen. Diese Hoffnung schenkt mir mein Glaube.

So sehr es wichtig ist, vor Entscheidungen gut zu überlegen und Rat einzuholen, so wichtig ist es dann aber auch, die Entscheidungen wirklich zu treffen. Die Pflicht, zu entscheiden, wächst uns immer wieder zu. In unseren unmittelbaren Lebensbereichen und in unserem größeren Umfeld. Dabei geht es um eine konkrete Sachentscheidung. Wenn man sich auch je nach der charakterlichen Befindlichkeit leichttut oder nicht, sind Sachentscheidungen relativ einfach zu fällen. Sicher: Die Gefahr einer Fehlentscheidung ist immer gegeben. Aber keinen Fehler macht nur der, der keine Entscheidung trifft.

Viel schwieriger sind prinzipielle Entscheidungen über Grundsätze des Lebens miteinander: Wie sollen wir unsere Kinder erziehen? Darf Zwang dabei einen Platz haben? In bestimmten Altersstufen gibt es da oft große Schwierigkeiten. Es ist angeklungen, dass es häufig auch in einer klösterlichen Gemeinschaft nicht einfach ist. Jeder müsste als gläubiger Mensch wissen, was recht ist, was der Gemeinschaft gegenüber verantwortbar und gefordert ist. Jeder müsste also selbst klar wissen, was geht, was nicht geht und wo er zu weit geht. Ein alter Abt hat einmal gesagt: „Eigentlich ist jeder Mönch sein eigener Abt." In einer Gemeinschaft seine Freiheit zu leben, ist durchaus nicht leicht. Das ist schließlich in einer ehelichen Partnerschaft nicht weniger schwierig. Auch da ergeben sich Probleme, die in Freiheit gelöst werden müssen. Wie auch in der schon angesprochenen Situation mit den Kindern und im beruflichen Umfeld, spürt jeder für sich selbst, was richtig ist. Gibt es aber dann noch Freiheit? Es ist uns eben aufgegeben, unsere Freiheit nicht im Alleingang („Selbstverwirklichung"), sondern im Miteinander zu verwirklichen.

In diesen Bereichen den rechten Weg zu finden, ist wahrlich nicht immer leicht: Aber man muss dabei lernen, zu unterscheiden und erst recht zu entscheiden! Wobei ein Optimist sicherlich leichter halbwegs über die Runden kommt – aber was soll der Pessimist tun?

Die Antwort darauf habe ich vorher schon gegeben: Der Glaube ist ein Weg. Ich habe alle meine Entscheidungen fällen können, weil ich im Glauben wusste, dass da einer mit anhebt.

Ein fester Halt bei allem Wechsel des Lebens

Das Kloster: ein Zuhause im Wandel der Zeit

Leben ist Bewegung, ist Unterwegssein: Altes vergeht, Neues kommt. Was bisher aus benediktinischem Gedankengut durchgeschimmert ist, lässt ein Suchen, ein Unterwegssein, ein bewegtes Miteinander verschiedenster Menschen erkennen. Alles scheint in Bewegung. Benedikts Anordnungen sind da sehr dynamisch, weil er eben das konkrete Leben des Alltags regelt.

Benedikt gründete in seinem Kloster „eine Schule für den Herrendienst" (RB, Pr. 45 ff.). Eine Schule ist eine Institution, in der man lernt. Benedikt war der Ansicht, dass sich dabei Härten und Schwierigkeiten einstellen können. Ein Neuankömmling sollte sich nicht verwirren lassen oder weggehen – jeder Anfang sei schwer, hatte er gelehrt. Dann schreibt er weiter: „Wer aber in klösterlichem Leben und im Glauben fortschreitet, dem wird das Herz weit und er läuft in unsagbarem Glück der Liebe den Weg der Gebote Gottes" (RB, Pr. 49). Es klingt wieder das Unterwegssein an, das Herz wird weit und man läuft. Benedikt verwendet so gern das Wort „currere" (laufen), das Schnelligkeit und Beweglichkeit ausdrückt.

Es war schon die Rede davon, dass Benedikt in die Unruhe und Richtungslosigkeit seiner Zeit sein Kloster an einem festen Ort errichtet. Zum beweglichen Moment im Miteinander kommt der feste Ort, der Halt und Sicherheit gibt.

Die Werkstatt, in der sich der klösterliche Lebenswandel vollzieht, „ist der Bereich des Klosters und die Beständigkeit in der Gemeinschaft" (RB 4, 78). Die Gemeinschaft an einem festen Ort bildet das Zuhause, die Heimat eines Benediktiners: Hier betet, arbeitet und lebt er. Dieses Zuhause ist der Schauplatz, an dem sich das Leben abspielt. Dieses Zuhause ist die Heimat der Mönche, im weiteren Sinn ist es auch ein Zentrum der ganzen Region, in der das Kloster steht. Diese Klöster waren und sind seit ihrem Bestehen Kristallisationspunkte christlichen und kulturellen Lebens. Aus einem Umkreis von 30 bis 40 Kilometern kommen etwa heute Schüler in unser Gymnasium. Das Stift wird aber auch von Menschen besucht, die Rat und Hilfe brauchen. Irgendwie strahlt die „Stadt auf dem Berg" Zuversicht und Hoffnung aus. So ist das Kloster ein fester Punkt im Gewoge der Zeit und des Lebens.

Auch um Ordnung in das Miteinander des klösterlichen Alltags zu bringen, hat Benedikt eine Regel geschrieben. Benedikt möchte, dass seine Brüder unter dieser Regel und unter ihrem Abt Gott dienen. Die Regel ist gleichsam das allgemeine Gesetz, das für alle gilt und das die Bedürfnisse einer Gemeinschaft ordnet. Manchmal nennt schon diese Regel notwendige Ausnahmen. Für das Anpassen des allgemeinen Gesetzes an den Einzelfall und die jeweilige Situation sieht Benedikt den Abt vor, der die Voraussetzungen jedes Einzelnen kennt und einen gerechten Ausgleich zu schaffen hat.

Die Regel und das feste Haus bilden also die institutionelle Seite klösterlichen Lebens. Das tägliche Miteinander mit all seinen Notwendigkeiten und den Eigenheiten der Brüder ist gleichsam das Herz jedes Klosters. Beides ist wichtig, Ordnung ist für eine Gemeinschaft unentbehrlich, die Buchstaben der Ordnung allein können aber tödlich für Beziehungen sein. Einen Ausgleich zu schaffen, das ist die Aufgabe des Abtes.

In diesen Klöstern wird gebetet, Eucharistie gefeiert, der Glaube gelebt. Das alles ordnet die Regel. Die großartigen Bauten der Klöster bilden eine stumme Verkündigung dieses Glaubens, der Halt und Sicherheit gibt. Bei allen Menschlichkeiten, die auch in unseren Klöstern geschehen, sind diese Gemeinschaften doch ein Zeichen für Beständigkeit, Durchhalten im Glauben, Unter-

wegsbleiben und Treue. Die feste bauliche Gestalt einer Kloster-
anlage drückt diese Tatsache gewöhnlich sehr eindringlich aus.

Für mich ist mein Kloster das selbstverständliche Zuhause.
Ich habe in meiner Kirche eine Heimat, in der es eben dieses
konkrete Kloster gibt. In allem Auf und Ab kirchlichen Lebens
bin ich froh, dass ich in einem Kloster leben darf.

Meine Erfahrung zeigte mir, dass es nicht nur am Anfang
schwer ist, die Wege der Gebote Gottes zu laufen. Ich hatte immer
wieder Phasen, in denen es nicht so leicht ging. Mir wurde im
Laufe meines Lebens bewusst, dass es Zeiten gibt, in denen man
langsamer wird, ja manchmal sogar ganz stehen bleiben muss. Da
sorgt das tägliche Miteinander, Wort und Beispiel der Brüder, das
gemeinsame Zuhause, an dem uns allen etwas liegt, dafür, dass
man wieder einen neuen Anlauf nimmt und versucht, seinen Weg
mit neuem Schwung aufzunehmen. Jetzt bin ich schon acht Jahre
im sogenannten Ruhestand und doch noch ständig unterwegs.
Und das nicht nur hier im Haus, sondern von diesem Haus aus
auch noch dorthin, wo man mich braucht (für Exerzitien, Einkehrtage, Vorträge, Beratungen und so weiter). Für mich ist mein
Zuhause, ein Lebenselixier.

Wir alle wurden in eine Familie hineingeboren und hatten in
ihr einen festen Ort, unser Zuhause. Dort sind wir aufgewachsen,
fanden Ordnung, Geborgenheit und Schutz. Allmählich sind wir
aus dieser Familie herausgetreten und gingen immer mehr eigene
Wege. Irgendwo blieb meist etwas vom Geborgenheitsgefühl des
alten Zuhauses, und alle suchten wir für unseren ganz persönlichen Weg einen neuen Ort, an dem wir mit Menschen, die zu
uns gehören, gemeinsam leben.

Bisweilen ist das Leben in diesem Zuhause nicht einfach. Immer wieder fühlen wir uns von der Enge eingeschnürt, ja sogar
eingesperrt. Es ist eine natürliche Reaktion, dass man dann den
Drang verspürt, auszubrechen. Das führt unweigerlich zur Verletzung derer, mit denen wir bisher zusammengelebt haben. Man
sucht dann ein neues Zuhause, glaubt es zu finden und ist doch

nie ganz zufrieden, weil immer wieder Neues lockt. Es gibt aber auch Zeiten, in denen das Ausbrechen kaum möglich scheint. Etwa bei Jugendlichen, die ihr Elternhaus zu früh verlassen möchten. Was auch nur in den seltensten Fällen ratsam ist. Da müssen Jung und Alt diese Situation, die vielleicht wirklich fast nicht mehr auszuhalten ist, bis zum Ende durchstehen. Heute gibt man dieses Durchstehen oft viel zu früh auf und sucht sich sofort neue Ufer. Gerade in Zeiten wie diesen kann der Gedanke an Beständigkeit, Durchhalten und Treue Mut und Kraft geben, nicht vorschnell aufzugeben und es doch noch einmal ehrlich miteinander zu versuchen.

Was übrigens auch mit einer gesunden Portion Humor recht gut funktionieren kann. Einer meiner Schüler erzählte mir von einem Pfarrer, der ein junges Paar verheiratete. Er gab ihnen vor allen Hochzeitsgästen den Rat, wenn sie eines Tages meinten, sie könnten wirklich nicht mehr miteinander leben, doch ganz einfach gegenseitig ein Kreuzzeichen auf die Stirn zu machen und zu sagen: „In Gottes Namen: Probieren wir es noch einmal miteinander." Das löste bei den meisten Hochzeitsgästen Unverständnis, zumindest aber Heiterkeit aus. „Kann man ernste zwischenmenschliche Probleme wirklich einfach so aus der Welt schaffen?", haben sich die meisten kopfschüttelnd gefragt. „Ja, man kann", sagte mir mein Schüler. Und das, obwohl er zunächst am lautesten über diesen Ratschlag gelacht hatte. Er wende dieses „Ritual" seitdem tatsächlich in Phasen allergrößter Unversöhnlichkeit mit seiner Ehefrau an. Anfangs habe er das „nur so aus Spaß" getan. Aber als er dabei die Erfahrung gemacht habe, dass dieses Kreuzzeichen auf die Stirn seiner Frau beide zum gleichen Zeitpunkt zum Lachen bringen konnte, habe das bei den Streitereien bisher stets zur Versöhnung geführt. Die zunächst schrullig anmutende Lehre des Pfarrers hatte also ihre Wirkung getan.

Das Miteinander in diesem unserem beständigen Zuhause darf also nie unbeweglich werden. Es bedarf vielmehr großer Beweglichkeit, aufeinander zuzugehen, gemeinsam weiterzuschreiten und unterwegs zu bleiben. Das trägt dann auch zur persönlichen Weiterentwicklung der zuvor noch Unversöhnlichen bei. Dazu muss aber auch noch eine lebendige Fantasie kommen und natürlich auch manche Anstrengung. So wird es auch nach einem langen gemeinsamen Weg nie langweilig werden, sondern spannend bleiben. Wenn man einen festen Boden unter den Füßen hat, kann man guten Mutes, wie Benedikt meint, im Miteinander und im Glauben weiterschreiten und sogar den Weg laufen (vgl. RB, Pr. 4). Dass der Glaube das Fundament noch tragfähiger machen kann, ist die Erfahrung derer, die glauben können.

Die Bindung an die Gemeinschaft im Kloster

Jede Gemeinschaft setzt Bindungen voraus. Das Miteinander schenkt vieles, engt aber auch ein. Wenn Menschen heiraten, geben sie manche Freiheit auf, gewinnen aber auf der anderen Seite Etliches, was allein nicht möglich wäre.

Wenn jemand in ein Benediktinerkloster eintritt, lernt er zunächst die Gemeinschaft und deren Lebensweise kennen. Dazu macht er ein Jahr hindurch ein sogenanntes Noviziat. In diesem Jahr kann er sich selbst prüfen, ob er geeignet ist, diese Lebensweise zu wählen, kann er die Gemeinschaft in ihrer Eigenart kennenlernen, ob sie für ihn lebbar ist. Benedikt wollte, dass man es dem Eintretenden nicht leicht machen soll, damit er sich nicht falschen Hoffnungen hingibt. Gemeinsames Leben bringt vieles, kann aber auch belastend sein. „Hat er es sich reiflich überlegt und verspricht er, alles zu beachten und alles zu halten, was ihm aufgetragen wird, soll er in die Gemeinschaft aufgenommen werden" (RB 58, 14). Zur Zeit Benedikts war das schon die endgültige Entscheidung, nach der es kein Zurück mehr gab. Im Laufe der Geschichte wurde hier zur weiteren Prüfung ein Ritardando eingebaut: Man bindet sich zunächst auf drei Jahre an die Gemeinschaft. Diese Frist könnte noch zweimal verlängert werden, wenn der Betreffende noch zu keiner Klarheit gekommen ist.

Die endgültige Entscheidung wird durch sogenannte Gelübde zum Ausdruck gebracht, die der Aufnahmewerber ablegt. Das Ablegen der Gelübde nennt man „Feierliche Profess".

Normalerweise werden in den verschiedenen Orden die sogenannten „Evangelischen Räte" (wie Jesus sie in den Evangelien gibt) gelobt: Ehelosigkeit um des Himmelreiches willen, Evangelische Armut und Gehorsam. Benedikt nennt andere Gelübde: Beständigkeit, klösterlicher Lebenswandel und Gehorsam. Ehelosigkeit und Armut sind im klösterlichen Lebenswandel enthalten.

Vielfach stellt man sich das klösterliche Leben sehr eng vor. Man müsste streng asketisch leben, müsste seine eigenen Bestrebungen und Wünsche völlig zurückstellen und hätte in allem und jedem zu gehorchen, ganz nach dem Grundsatz: „Führer befiehl, wir folgen dir". Dabei meinte Benedikt etwas ganz anderes als Kadavergehorsam. Der Abt muss Rücksicht nehmen auf die Persönlichkeiten seiner Mitbrüder. Er muss bei wichtigen Entscheidungen alle Brüder, auch die jüngsten, um Rat fragen. Gehorsam ist also eher ein Aufeinanderhören und ein gemeinsames Suchen. Der Abt muss weiter seine Entscheidungen in der Verantwortung vor Gott treffen. Der Einzelne kann, ja soll laut Benedikt seine Bedenken vorbringen (RB 68), wenn er meint, einen Auftrag nicht erfüllen zu können. Damit ist Kritik eingeschlossen. Gehorsam meint nicht nur ein Hinhören auf den Oberen, sondern auf alle Brüder: Sie sollen einander gehorchen, das heißt – wie gesagt – aufeinander hören und Rücksicht nehmen (RB 71). Schon der Beginn der Regel: „Höre – neige das Ohr deines Herzens" (RB, Pr. 1) legt diese Haltung nahe.

Die Beständigkeit am Ort gibt einen festen Halt, verlangt aber auch Treue und Stehen zu dem, wofür man sich entschieden hat.

Der klösterliche Lebenswandel meint das Leben in einer bestimmten Gemeinschaft mit all den unterschiedlichen Brüdern. Damit ist, auch das klang schon an, ein Arbeiten an uns selbst gemeint, damit wir das werden, was in uns steckt, was wir glauben, „sein zu können". Ehelosigkeit um des Himmelreiches willen soll Freiheit schenken für die Arbeit im Gottesreich, Armut ist dabei ein Geschenk, sie schenkt Freiheit von materieller Abhängigkeit. Die Gelübde bringen eine Bindung an die betreffende Gemeinschaft. Man verzichtet auf manches, was durchaus gut ist, wird dadurch aber frei für einen großzügigen Einsatz im Dienst der Kirche.

Gerade in einer Zeit, in der feste Bindungen immer fragwürdiger werden, in der große Orientierungslosigkeit viele Menschen schwanken lässt, in der Treue keinen Wert mehr darzustellen scheint, materielle Güter aber alles sind, ist das Leben der Mönche an einem festen Ort, in klarer christlicher Sicht der Werte, in einer lebendigen Gemeinschaft, in der Bereitschaft zu dienen, ein starkes Zeichen dafür, dass Treue, ein lebendiges Miteinander verschiedenster Persönlichkeiten, im Hinhören auf den Willen Gottes möglich ist. Das schließt nicht aus, dass dieser Weg bisweilen schwerfällt, dass wir bis an unsere persönlichen Grenzen gefordert werden. Wenn man Spannungen, die dadurch entstehen, in klösterlichen Gemeinschaften miterlebt, zeigt das nicht die Schwäche einer Gemeinschaft, sondern die nüchterne Realität, die nicht immer ein Honiglecken ist. Wenn eine Gemeinschaft es trotz dieser Spannungen immer wieder schafft, ist dies ein lebendiges Zeichen dafür, was im Glauben möglich ist.

Die Strahlkraft der Klöster

Benediktinerklöster stehen meist auf einem Berg. So wie das erste Kloster des Ordens auf dem Monte Cassino. Die Mönche legten Wert darauf, dass alles Lebensnotwendige vor Ort gegeben war. Der Raum, in dem sich das klösterliche Leben entfaltet (Werkstatt, vgl. RB 4, 78), ist der Bereich des Klosters. Damit verbunden war die Beständigkeit an einem festen Ort. Wohn- und

Wirkbereiche wurden um einen sogenannten Kreuzgang errichtet, von diesem führte der Weg zur Kirche, zum Refektorium, dem Speisesaal der Mönche, und zu den Werkstätten. Im Stock darüber befand sich das Dormitorium, der gemeinsame Schlafraum.

Ganz von selbst entwickelten sich dabei nach und nach künstlerisch meist sehr hochstehende Bauteile. Im Laufe der Jahrhunderte wurde nach dem Geschmack der Zeit vieles neu gebaut und verändert. Es gibt wunderschöne romanische und gotische Klosterbauten. Die innere Kraft der Barockzeit führte besonders in Österreich zu großartigen Neubauten. Viel wertvolle alte Bausubstanz wurde vernichtet, um Neuem Platz zu machen. Teilweise kam es zu Barockisierungen, alte Bauteile blieben dadurch erhalten, teilweise entstanden völlig neue, rein barocke Klöster. Gerade Melk ist ein Beispiel für einen ganz einheitlichen barocken Bau. Interessante Funde in Altenburg, das im 18. Jahrhundert einheitlich errichtet wurde, zeigen, dass man dort einfach über romanischen und gotischen Mauern ein neues Kloster errichtete.

Benediktinerklöster sind großartige Zeugen des Glaubens einer ganz bestimmten Zeit. Wiesen gotische Bauten himmelwärts, hinauf zu Gott, in dessen Händen man sich geborgen fühlte, holte man diesen Gott in der Barockzeit gleichsam vom Himmel herunter und baute fantastische Audienzhallen, in denen er den Nöten und Sorgen dieser Menschen nahe sein sollte, in denen man ihn loben und preisen wollte. Für diese Räume war nichts schön genug, nichts zu golden und nichts zu teuer. So kam es zur Prachtentfaltung barocker Bauten, die für Menschen von heute oft viel zu prunkvoll wirken. Man baut gegenwärtig einfacher, zweckbetonter, nüchterner. Unsere Klöster, wie sie heute dastehen, haben nicht moderne Menschen gebaut, sondern Menschen aus der damaligen Zeit, wie sie in ihrer Welt eben gewesen sind. Für uns sind diese Bauten ein Erbe, das einfach da ist, auch wenn man es selbst nicht so gestaltet hätte.

Ich habe schon erwähnt, dass ich in den Sturm- und Drangjahren meiner klösterlichen Jugend mit meinen jungen Mitbrüdern den Gedanken gewälzt habe, dieses unser Haus zu verkaufen und irgendwo ein Kloster zu bauen, das nicht so in der Auslage liegt, in dem man ruhiger und praktischer leben könnte. Irgendwann wurde uns dann bewusst, dass in Melk etwas steht, das durch sein Sosein und Dasein eine Botschaft verkündet, dass es an den Menschen, die zum Beispiel in der Schule täglich hier ein und aus gehen, oder an den Menschen, die als Besucher hier vorbeikommen, nicht spurlos vorübergeht, dass es Sinn für Schönheit weckt, dass es zur Auseinandersetzung aufruft, dass es Denkanstöße gibt. Unsere Häuser sind stumme Zeugen des Glaubens von Menschen, die vor Jahrhunderten gelebt haben. Wir, die wir jetzt hier leben, sind Hüter dieser Zeugen. Unsere Aufgabe ist nun, im Heute unseren Glauben zu leben, nicht nur Hüter von Glaubenszeugen zu sein, sondern selbst Zeugnis zu geben von dem, der uns wollte und ins Leben rief.

Unsere Klöster bilden teilweise eine ziemliche Last, die es zu tragen gilt. Wenn es etwa um die Erhaltung geht, wenn sie als Zeugen einer prunkvollen Vergangenheit nicht verstanden werden. Von denen, die an die Armut in den vielen Bereichen der Welt denken. Vor diesem Hintergrund werden sie ganz schön zu Herausforderungen, die zu bewältigen sind.

Mir fiel die schwierige Aufgabe der Restaurierung unserer Stiftsanlage zu. Es galt Wege zu finden, dieses gewaltige Vorhaben durchzuführen, Gelder aufzutreiben, die Interessen der Denkmalpflege und der Baufachleute auf einen Nenner zu bringen. Es waren große Anstrengungen finanzieller Natur zu bewältigen, aber auch großes Einfühlungsvermögen gefordert, Bausachverständige, Künstler und Denkmalschützer zusammenzubringen, den öffentlichen Stellen ihre Mitverantwortung bewusst zu machen. Für mich war es eine sehr starke Erfahrung, die verschiedenen Menschen zusammenzuführen, für das gemeinsame Projekt Interesse und Engagement zu wecken. Ich durfte spüren, dass Melk eben Melk ist. Es war allen klar, dass man zusammenwirken muss, um das große Ziel der Erneuerung zu schaffen.

Dabei war es damals noch sehr schwierig, wenn es um Spenden ging. Gab eine öffentliche Institution eine Spende, wollte diese natürlich einen Werbeeffekt erzielen. Bei Restaurierungsarbeiten, die heute erfolgen, geschieht das selbstverständlich, auch die Medien wirken mit. Damals durfte nicht gesagt werden, dass dieses oder jenes Institut eine Spende gegeben hat, was natürlich für die Spendenbereitschaft nicht förderlich war. Land und Bund konnten überzeugt werden, dass Hilfe nottut. Der damalige Bundespräsident Rudolf Kirchschläger war eine starke Stütze, die zuständigen Minister und Landeshauptleute waren im Rahmen ihrer Möglichkeiten verständnisvolle Hilfen. Da ich selbst bautechnisch und wirtschaftlich keine Ahnung hatte, war es wichtig, gute wirtschaftliche Berater, wie Josef Kollmayer, und einen sehr sachkundigen und zielstrebigen Bauleiter, wie Baumeister Johann Kräftner, zu haben. Auf diese Weise konnte wirksam gearbeitet werden. Ich selbst habe mich bemüht, lebendigen Kontakt zu haben mit allen, die mit unserer Restaurierung befasst waren, vom Minister über die zuständigen Beamten bis zum Hilfsarbeiter hoch oben auf dem Gerüst.

Als es darum ging, das zuständige Ministerium für die Restaurierungsarbeit zu interessieren, blieb eine Reihe von Versuchen, an Ministerin Hertha Firnberg heranzukommen, erfolglos. Bei meiner Abtweihe hatte ich einen Sektionschef des Ministeriums kennengelernt, der ein sehr umgänglicher Mensch war. Ich rief ihn an und erklärte ihm, dass ich zum lieben Gott leichter komme als zu seiner Frau Minister. Eine Viertelstunde später hatte ich einen Termin für den übernächsten Tag. Die Begegnung mit ihr war eine sehr lebendige, die für die Restaurierung sehr wichtig wurde. Ebenso menschlich wurden die Begegnungen mit ihren Nachfolgern, Erhard Busek und dem gegenwärtigen Bundespräsidenten Heinz Fischer.

Aber nicht nur mit den gehobenen Stellen durfte ich gute Begegnungen erleben. Einige Jahre nach der Außenrestaurierung der Westfassade unserer Stiftskirche kam ein junger Mann mit der

Bitte zu mir, ob ich ihn nicht trauen könnte. Als ich ihn fragte, warum er auf mich gekommen sei, erklärte er mir: Als er als Zimmermann hoch oben auf dem Turm zu arbeiten hatte, habe er von dort in die Lande geschaut und da sei ihm die Größe menschlichen Lebens richtig bewusst geworden. Damals habe er sich gedacht, wenn er einmal heiraten sollte, müsste er unbedingt in dieser Kirche heiraten. Weil er mich auf dem Gerüst immer wieder getroffen habe, habe er sich entschlossen, mich zu bitten. Ähnliche Erfahrungen habe ich mit Ministern, Landeshauptleuten oder Denkmalschützern gehabt, Erfahrungen, die ich in meinem Leben nicht missen möchte.

Noch etwas ist mir bei diesen Arbeiten bewusst geworden: Wir selbst haben einen stiftlichen Bautrupp, der ständig tätig ist und in dem einige Menschen aus unserer Region Arbeit finden. Der Tourismusbetrieb, der durch unseren Barockbau möglich wurde, beschäftigt ebenfalls eine verhältnismäßig große Anzahl von Menschen. Gesamt gesehen, arbeiten in unserer Verwaltung und in unseren Betrieben über hundert Leute. Das Stift sorgt also für Arbeitsplätze. Nach der umfassenden baulichen Erneuerung in Melk begannen auch andere Klöster mit Restaurierungen, viele Restauratoren und Bauarbeiter fanden so Arbeit. Unsere Klöster wirken also auch bei der Arbeitsbeschaffung kräftig mit.

Wenn man an einer Stelle mit der Arbeit fertig wird, gibt es anderswo wieder neue Arbeit. Die sehr dem Wetter und zunehmend auch der Luftverschmutzung ausgesetzte Westfassade des Stiftes musste ich selbst schon zweimal restaurieren lassen. Auch mein Nachfolger ist mit Weiterrestaurieren befasst: die Figuren im Prälatenhof, die Laterne der Kuppel und Etliches mehr.

Wenn man 20 Jahre lang Restaurierungsarbeiten durchzuführen hat, kommt manchmal schon der Gedanke: Warum muss ich nur erhalten, kann aber nichts Eigenes schaffen? Wie soll man zu so einer hochqualifizierten Bausubstanz etwas Neues hinzufügen? Mir waren nur wenige Möglichkeiten in dieser Hinsicht gegeben. In unserer Kirche musste nach dem Zweiten Vatikanum ein

Volksaltar geschaffen werden. Uns war klar, dass man nicht nachgemachtes Barock in unsere Kirche hineinstellen konnte. So entstand ein Volksaltar, den der damals junge steirische Architekt Helmut Hütter entworfen hat: modern und jederzeit auch wieder abbaubar. Wir haben versucht, Bauelemente zu finden, die zur Farbigkeit und Raumgestaltung der Kirche passen. Im Grunde fällt einem dieser Altar erst auf, wenn man unmittelbar davorsteht. Das zeigt schon, wie harmonisch er in den Raum passt.

Die alten Fresken auf den Giebelfeldern des Prälatenhofes konnten nicht mehr restauriert werden. Folglich entstanden moderne Darstellungen mit demselben Thema, den vier Kardinaltugenden. Peter Bischof und Helmut Krumpel haben als Sieger des dafür veranstalteten Wettbewerbs neue Bilder geschaffen. Kolorit und Bewegung muten fast barock an, die Formen und auch die Interpretationen der Kardinaltugenden sind moderne Kunst. Manche Besucher wettern darüber, dass man in dieses Ambiente moderne Bilder stellt, andere finden es mutig, dass wir diesen Weg beschritten haben. Ich persönlich halte diese Darstellungen für ganz ausgezeichnet.

In den Sechzigerjahren ist die damals sogenannte Konviktskapelle durch Ottokar Uhl modern gestaltet worden. Die ursprünglich recht puristisch angelegte Kapelle ermöglicht eine sehr lebendige Liturgie. Durch diese Lebendigkeit hat sich die Kapelle im Laufe der Jahre ein wenig gewandelt. Eine gotische Apostelgruppe mit dem auferstandenen Herrn, eine Orgel, ein großes Holzkreuz kamen in den Hauptraum, ein Taufstein und Fresken von Peter Bischof geben dem Vorraum ein frohes Gepräge (1989–1994). Das Holzkreuz und der Taufstein stammen aus der Hand eines ehemaligen Schülers, des Halleiner Schnitzers und Steinbildhauers Josef Strohmaier.

Mein Nachfolger, Abt Georg Wilfinger, befindet sich in einer besseren Situation: Er kann Neues hinzufügen. Der Wirtschaftshof des Stiftes und eine höchst gefährdete Stiege mussten in Angriff genommen werden. Für beide Bauteile wurden wirklich gute

Lösungen gefunden. Das Architekturbüro Wehdorn aus Wien, vor Ort unter der Leitung von Architekt Wöhrer, hat moderne Formen in alte Bausubstanz mit großem Feingefühl eingefügt. Dieselben Architekten haben auch eine große Turnhalle im Norden des Stiftsbaues angeschlossen. Es wurde nichts in barocken Formen nachgebaut, sondern in der Formensprache unserer Zeit etwas hinzugefügt, das ein harmonisches Miteinander erkennen lässt. Für mich ist, bei allem Respekt und aller Liebe zur barocken Gestaltung unseres Hauses, dieses Bemühen ein Zeichen von Leben.

Lebendig ist auch das, was sich hinter den Mauern unseres Hauses abspielt: Unsere Schülerinnen und Schüler, Teilnehmer von Kursen und Einkehrtagen, aber auch unsere Besucher, die das Stift besichtigen und an den vom Haus veranstalteten kulturellen Ereignissen wie Ausstellungen, Konzerten oder Vorträgen teilnehmen, finden – es klang schon an – unser Kloster offen. Durch die Menschen, die hier weilen, werden die toten Mauern lebendig und beginnen zu strahlen, wie uns immer wieder versichert wird. Und in diesen Mauern sind wir zu Hause, die wir versuchen, unseren Glauben zu leben.

Das Miteinander aus dem Glauben

In den „Werkzeugen der geistlichen Kunst" führt Benedikt das Doppelgebot der Liebe an (RB 4, 1), in dem alle anderen Gesetze und Gebote enthalten sind: „Vor allem: Gott den Herrn lieben, mit ganzem Herzen, mit ganzer Seele und mit ganzer Kraft. Ebenso: Den Nächsten lieben wie sich selbst."

Es wird deutlich, dass Benedikt in seiner klösterlichen Gemeinschaft nichts anderes will als einfach ein christliches Leben, das seine Hoffnung auf die Liebe und Barmherzigkeit Gottes setzt. Diese Hoffnung überwindet jede Angst: „Wenn also der Mönch alle Stufen der Demut erstiegen hat, gelangt er alsbald zu jener vollendeten Gottesliebe, die alle Furcht vertreibt" (RB 7, 67).

Benedikts Regel und die Legenden um ihn zeigen sehr klar, wie er die Mitte des Lebens in Gott sieht, dessen Gegenwart überall gegeben ist, dem das Gebet der Mönche ihre Liebe zu ihm zeigt, zu dessen Verherrlichung auch alles wirtschaftliche Geschehen vor sich geht. Gerade in einem Kapitel, das wirtschaftliche Probleme behandelt, steht der Satz, der zur Maxime der Benediktiner geworden ist: „Ut in omnibus glorificetur deus", „dass in allem Gott verherrlicht werde" (RB 57, 9).

Die Liebe zum Bruder, zum Nächsten, durchzieht ebenfalls die ganze Regel. Die Brüder sollen bei Tisch einander in Liebe dienen (RB 35, 6), einem ausgeschlossenen Bruder gegenüber soll die Liebe erstarken (RB 27, 4), Gästen sollen der Obere und die Brüder in dienstbereiter Liebe entgegeneilen (RB 53, 3). Liebe wird selbst bei Fehlverhalten eines Mönchs eingemahnt: Der Abt schneide die Fehler „klug und liebevoll" weg (RB 64, 14). Ein wunderschönes Bild, das vielleicht auch den Zauber erklärt, den die Winzer ganz unbewusst auf ihre Mitmenschen ausüben. Auch sie müssen in ihren Weingärten allzu wilde, vor allem aber für die Rebe schädlich gewordene Triebe kunstvoll entfernen, um ein wahrhaft köstliches Getränk herstellen zu können. Wohl deshalb liegt im Wein – wie wir alle wissen – Wahrheit. Weiters soll der Pförtner „Ankommenden im Kloster mit dem Eifer der Liebe unverzüglich Bescheid geben" (RB 66, 4). Warum? Weil Benedikt wusste, dass diese Liebe nicht immer so einfach zu leben ist. Deshalb erinnert er bei Menschen, mit denen es schwierig ist, daran, dass Christus uns gerade in diesen Menschen begegnen möchte. Den Kranken soll so gedient werden, als wären sie wirklich Christus; hat er doch gesagt: „Ich war krank und ihr habt mich besucht" und „Was ihr einem dieser Geringsten getan habt, das habt ihr mir getan" (RB 36, 1–3, vgl. Mt. 25, 31–46). Gäste „sollen aufgenommen werden wie Christus", denn er wird sagen: „Ich war fremd und ihr habt mich aufgenommen" (RB 53, 1 f.), gerade in Armen und Fremden will Christus uns begegnen (RB 53, 15). Auch dieser Gedanke der Regel hat in unserer Gegenwart mehr Aktualität als vielleicht je zuvor.

Im Alltag sind viele Dinge, die an sich völlig klar sind und hinter denen man auch steht, gar nicht so einfach zu bewältigen. Wenn man hautnah miteinander lebt, aufeinander angewiesen ist und dieses Miteinander mit unseren körperlichen und charakterlichen Schwächen ganz schön anstrengend sein kann, gibt es natürlich immer wieder Probleme. In der Regel kommen oft die Worte „murmuratio, murmurare" (das Murren, murren) vor. Dieses Murren meint eine Unzufriedenheit, die sich im Miteinander ergeben kann. Es war dem heiligen Benedikt ein Anliegen, dass es keinen Anlass zum Murren gibt: „Vor allem darf niemals das Laster des Murrens aufkommen, in keinem Wort, in keiner Andeutung, was auch immer als Anlass vorliegen mag" (RB 34, 6). Deshalb muss der Abt alles so anordnen und einrichten, dass kein Anlass zum Murren besteht: Tischdiener sollen „vor der Mahlzeit über das festgesetzte Maß hinaus etwas zu trinken und

Brot erhalten, damit sie ihren Brüdern zur Stunde der Mahlzeit ohne Murren und besondere Mühe dienen können" (RB 35, 12 f.). Es gibt also unter Umständen einen berechtigten Grund zum Murren. Sollte ein Anlass gegeben sein, müsste die Sache bei der zuständigen Stelle vorgebracht werden, wenn sich etwa ein Bruder durch einen Auftrag überfordert fühlt, soll er das dem Abt sagen (RB 68). Benedikt legt seinen Mönchen nahe: „Sie sollen einander in gegenseitiger Achtung zuvorkommen; ihre körperlichen und charakterlichen Schwächen sollen sie mit unerschöpflicher Geduld ertragen" (RB 72, 41). Im Kapitel über die Werkzeuge der geistlichen Kunst sagt Benedikt: „Von der Liebe nicht lassen" (RB 4, 26). Er verwendet dort „caritas" für Liebe, das heißt die gottgeschenkte Liebe, weil die wegen ihrer Selbstlosigkeit oft wirklich nicht leichtfällt.

Im täglichen Miteinander, wenn jeder seine bestimmten Aufgaben zu erfüllen hat und manche durch ihre besonderen Begabungen Gutes zustande bringen, während andere glauben, ihr Beitrag wäre nicht so wichtig oder würde weniger beachtet, kann das zu Problemen führen. Manche fürchten dann, dass die Arbeit der anderen ganz großartig gesehen würde, während das eigene Tun vielleicht akzeptiert wird. Vom Wirken der anderen redet man, das eigene Tun aber würde nicht gesehen. Neid und Eifersucht keimen auf und bringen Unruhe in die Gemeinschaft. Solche Irritationen musste ich auch in unserem Miteinander immer wieder erleben. Sie sind zutiefst menschlich, trotzdem tat ich mir damit immer wieder schwer. Ich sah, dass jeder meiner Mitbrüder großartige Fähigkeiten hatte, der eine da, der andere dort. Ich hätte nie sagen können, welcher Beitrag der bessere und wichtigere wäre. Aber immer wieder war einer von ihnen versucht, das Tun des anderen als Konkurrenz zu sehen. Zufriedenheit mit dem, was mir gegeben ist, wäre das Normale. Doch diese Tugend ist nicht das Ideal eines jeden. Hier einen Ausgleich zu schaffen, ist die Aufgabe eines Abtes. In solchen Situationen wurde mir immer bewusst, wie schwierig es wirklich ist, „der Eigenart vieler zu dienen" (RB 2, 31). Es zeigt sich, wie schwer die Liebe im Alltag gelebt werden kann. Die Aufforderung Benedikts, „von der Liebe nicht lassen" (RB 4, 26), trifft genau auf diese Situation zu.

Der Alltag eines Klosters bringt ähnliche Probleme im Unvermögen zur Liebe, wie sie sich auch in anderen menschlichen Gemeinschaften oft zeigen. Es ist ein ständiges Bemühen um Liebe notwendig. Gerade die Tatsache aber, dass dies den Mönchen trotz ihrer Unterschiedlichkeit meistens gelingt, ist im Grunde eine Verkündigung des Liebesgebots. Über all die Jahrhunderte haben die Klöster Benedikts ihre Aufgaben zu erfüllen gesucht, die alle im Dienst der Menschen standen: in den Schulen, Betrieben, in seelsorglichen Aufgabenstellungen, gegenüber den Angestellten und Mitarbeitern, bei den Menschen, die in die Klöster kamen und kommen.

Als ganz junger Priester habe ich Familienwochen im Stift geleitet. Dazu waren Umbauten nötig, die ich durchsetzen konnte. Der Abt wurde damals von einem Amtskollegen gefragt: „Was habt ihr davon?" Unser Abt hat damals fast stolz geantwortet: „Eigentlich nichts!" Es geht um den Menschen mit seinen Bedürfnissen und Nöten. Wenn wir heute in Melk eine große Schule leiten, so geschieht alles, egal wie viele finanzielle Mittel dafür nötig sind, nur aus der Liebe zu den jungen Menschen, die zu uns kommen. Darunter sind auch manche, deren Familienverhältnisse zu Hause nicht einfach sind. In unserer Schule haben wir einen sogenannten „Treffpunkt" eingerichtet, der unseren Schülern in Pausen und Freistunden zur Verfügung steht, der neben dem zwanglosen Treffen dieser jungen Leute auch eine Anlaufstelle für junge Menschen ist, die Probleme haben. Dafür wurde eine Diplomsozialarbeiterin angestellt, eine Frau, die für diese jungen Menschen, zusammen mit zwei Mitbrüdern, einfach da ist. Das geschieht deshalb, weil uns junge Menschen wichtig sind.

Jedes Kloster erinnert schon, wie jede Kirche, durch die Bauweise an Gott, den Schöpfer dieser Welt. In Melk verkündet die

Gestalt des Auferstandenen zwischen den Türmen sehr anschaulich den Glauben an Auferstehung und Leben. Die Gemeinschaft im Kloster versucht, diesen Glauben auch zu leben. Immer wieder kamen und kommen Menschen zu uns, weil sie gelebten Glauben erfahren möchten. Gerade in den für die Diözese St. Pölten so schwierigen Jahren des auslaufenden 20. Jahrhunderts suchten viele unsere Klöster auf, um ihren Glauben an Gott zu stärken.

Wir Menschen benötigen einfach die Stadt auf dem Berg, von der Christus spricht. Sichtbar gelebter Glaube kann für all jene, die Sorgen haben, die oft bloß so dahinleben und denen doch etwas fehlt, die nach einem Sinn im Leben suchen, eine wichtige Hilfe und Stütze sein. Zum Glauben braucht man Freunde. Menschen, die in die Klöster kommen, erleben dort andere, die Stärken und Schwächen haben wie sie selbst auch, die sich manchmal ganz schön schwer miteinander tun, wie sie auch. Sie sehen aber, dass diese es trotz allem immer wieder schaffen, aus ihrem Glauben den gemeinsamen Weg bewusst weiterzugehen.

Die in Klöstern geschaffene Kultur entstand immer aus dem Glauben heraus. Und diese Kultur spricht nicht nur gläubige Menschen an. Unsere Klosterbauten sind einfach schön, kulturell bedeutend, und dafür werden sie bewundert. Für manche erzählen sie direkt von Gott, für andere indirekt auf Umwegen. In diesen Klosterbauten regte sich immer geistiges Interesse. Die Bibliotheken zeugen davon. Die Mönche versuchten auch, ihr Wissen an junge Menschen weiterzugeben. Kulturelle Veranstaltungen bringen wertvolles Kulturgut nahe. All das spricht Verstand und Gemüt an.

Wenn unser Leben so dahinläuft, ohne größere Höhepunkte, tut es gut, Anstöße zu erhalten, über dieses Leben nachzudenken, über sich selbst zu reflektieren, aus dem Alltag herausgerissen zu werden durch die Begegnung mit Schönem, Gutem und Gedanken, die anregen und eine Richtung weisen. Gerade die menschliche Unvollkommenheit derer, die in den Klöstern leben und es doch immer wieder miteinander schaffen, weil sie aus dem Glauben Kraft haben, lässt Glaubwürdigkeit sichtbar werden.

So können die Klöster Stein und Farbe gewordener Lobpreis Gottes sein und durch ihr Dasein und das Leben der Mönche eine lebendige Verkündigung der Frohen Botschaft Jesu Christi.

Das Miteinander der Generationen – die Älteren ehren, die Jüngeren lieben (RB 63, 10)

Beim Zusammenleben der Menschen wird ein Problem auffällig oft genannt: Das ist das bisweilen schwierige Miteinander von Alt und Jung. Ältere Menschen vergessen leider tatsächlich allzu häufig, dass auch sie einmal jung gewesen sind. Sie pochen dann stur ausschließlich auf ihre Erfahrung und glauben, die Wege der Jüngeren stets behüten und planen zu müssen. Jüngere Menschen sind aber geistig noch viel beweglicher, wollen ihre eigenen Wege gehen, wollen sich nichts dreinreden lassen, was dazu führt, dass sie sich von den Älteren bevormundet fühlen.

In unseren heutigen Familienverbänden leben Eltern und Kinder zusammen, vielleicht noch Großeltern, also drei Generationen in ziemlich gleichen Altersabständen. Früher war es üblich, in Großfamilien mit drei, manchmal vier Generationen zusammenzuleben. Heute ist dagegen das Miteinander von drei Generationen schon zur Seltenheit geworden. Im Kloster ist das anders. Weil nicht nur gleiche Altersstufen in Abständen von etwa 20 bis 30 Jahren gegeben sind, sondern oft auch noch Brüder aus allen Generationen von etwa 20 bis 90 und mehr Jahren zusammenleben. Verständlicherweise gibt es da erhebliche Probleme.

Benedikt zeigte sich in diesem Zusammenhang wieder einmal als echter Römer, der für Ordnung sorgt. Er schrieb ein eigenes Kapitel über die Rangordnung in der Gemeinschaft (RB 63). Drei Grundsätze bestimmen diese Rangordnung: der Zeitpunkt des Eintritts, verdienstvolles Leben oder die Festlegung durch den Abt (RB 63, 1). Dem Abt wird ans Herz gelegt, er dürfe die Gemeinschaft nicht in Verwirrung bringen, wenn er ungerechte Verfügungen trifft oder seine Macht missbraucht (RB 63, 2).

In der Gemeinschaft hat also jeder seinen Platz. Der ergibt sich in der Regel nicht durch das natürliche Alter oder eine bevorzugte Stellung vor dem Eintritt, sondern durch den Eintritt ins Kloster. Dieser Schachzug trägt Sorge dafür, dass sich keiner als etwas Besseres wähnen kann als der andere. Der Abt kann Änderungen vornehmen. Wenn er jemanden voranstellt, dann darf er das aber nur nach reiflicher Überlegung tun. Vor allem muss er auch sehr gute Gründe haben, wenn er ein Mitglied der Gemeinschaft nach hinten reiht (RB 63, 7). Umstellungen geschahen normalerweise nur, wenn bestimmte Ämter vergeben wurden, etwa die Ernennung eines Priors. Sonst aber gab es keine Ausnahme. Selbst wenn einer zum Priester geweiht wurde (damals durchaus nicht die Regel), blieb er an dem Platz, der seinem Eintritt ins Kloster entsprach (RB 62, 5). Dadurch wollte Benedikt sicher ein gedeihliches Miteinander möglich machen, das keine Eifersüchteleien aufkommen lässt. Es ging Benedikt darum, dass die Mönche einander in gegenseitiger Achtung zuvorkommen sollten (RB 63, 17).

Benedikt hat aber noch einen besonders wichtigen Grundsatz für das gedeihliche Miteinander von Alt und Jung aufgestellt: Die Jüngeren sollen die Älteren ehren, die Älteren die Jüngeren lieben (RB 63, 10). Es gibt in allen benediktinischen Gemeinschaften einen Querschnitt durch sämtliche Altersstufen. Da sind junge Mitbrüder, die voller Tatendrang und Schwung unterwegs sind. Denen geht alles zu langsam, nichts ändert sich in ihren Augen. Sie hätten viele Ideen und haben den Eindruck, sie könnten sie nicht verwirklichen. Es fällt ihnen also nicht leicht, die Älteren und ganz Alten auszuhalten, und doch wollte Benedikt, dass sie diese ehren und dass die Älteren und ganz Alten die Jungen lieben. Eine große Herausforderung, wenn man sich nicht entfalten kann, wenn man ständig eingebremst wird, wenn einem immer dieses „Denken in Jahrhunderten" vorgehalten wird. Da fragen sich die Jungen aus gutem Grund, wie auch ich bei meinem Eintritt: „Was soll ich in diesem Verein?" Es ist in der Tat nicht immer leicht, zwischen der Sache und der Person zu unterscheiden.

Auf der anderen Seite sind Brüder, die in der Vollkraft ihres Alters stehen und mit all ihren Fähigkeiten in den Aufgabenbereichen des Klosters arbeiten, die das Leben im Kloster genau kennen und im Wesentlichen auch tragen. Die nehmen sich oft auch die Freiheit heraus, über die Jüngeren einfach drüberzufahren und sind dabei nicht selten mit sich selbst überfordert. Und da sind dann auch noch die Alten und ganz Alten, die gerne noch etwas tun möchten, aber leider doch oft nicht mehr können. Sie kommen sich bisweilen als das fünfte Rad am Wagen vor und fürchten, völlig unwichtig für die Gemeinschaft geworden zu sein. Deshalb sagte Benedikt den Jüngeren, sie sollen die Älteren ehren. Und gerade diese Ehrfurcht vor denen, die glauben, noch alles bestimmen zu können, die sich allein als die Erfahrenen vorkommen, ist nicht immer einfach. Gegenüber den ganz Alten mag das vielleicht schon leichter fallen. Und dennoch ist die Gefahr gegeben, dass man diese alten Männer nicht mehr ernst nimmt. Da bedarf es der Ehrfurcht vor dem Ebenbild Gottes, das uns in jedem Menschen gegenübertritt, auch in alten.

Irgendwann habe ich einmal eine Geschichte geschrieben, die einen sehr realen Hintergrund bei einigen unserer Mitbrüder hatte. Ich habe die Sache ein wenig verfremdet, damit man nicht sofort erkennt, wer mit dieser Geschichte gemeint war: Sie handelte von einem alten Mann, der sich einsam fühlte. Niemand kümmerte sich um ihn. Er wurde immer misstrauischer, eifersüchtiger und griesgrämiger: ein unangenehmer Mensch, ein „Zwiderling", ein „Ungustl". War er von Natur aus so, oder ist er mit der Zeit so geworden? Kamen die Menschen nicht zu ihm, weil er zuwider war, oder war er so unleidlich, weil die Menschen nicht einfühlsam und liebevoll genug mit ihm umgingen und ihn links liegen ließen? Ein kleines Mädchen, ein Kind noch, kam aber immer gern zu ihm. Dieses ging auf ihn zu, hörte ihm zu, wenn er weise Lehren gab, lächelte, wenn er komisch war, zeigte dem alten Mann aber auch, dass es ihn mochte. Als der alte Mann ganz alt geworden war, wurde er immer eigenartiger. Sein Misstrauen wurde zur Krankheit, er verkalkte völlig. Fast alle Menschen waren für ihn Gauner, Diebe und Verbrecher, aber eigenartiger Weise gab es Menschen, die er nicht verdächtigte. Wenn man näher hinsah, waren es jene, die zu ihm trotz aller Schrulligkeit lieb waren und ihn besuchten. Unser Mädchen, inzwischen erwachsen geworden, gehörte zu diesen Menschen, die trotz allem lieb zu ihm waren. Es konnte erfahren, dass der alte, verkalkte, griesgrämige Mann im Grunde sehr lieb sein konnte. Die Alten lieben: Es gibt einen Weg, wenn es uns gelingt, von der Liebe nicht zu lassen (vgl. RB 4, 26).

Ich hatte noch ein weiteres beeindruckendes Erlebnis mit einem alten Mitbruder, der 103 Jahre alt wurde. Er war ein Mensch wie wir alle auch. Mit allen dazugehörigen „Menschlichkeiten": Zeitweise sekkierte er seine Krankenpfleger, war dickköpfig, hatte aber trotz allem einen starken Glauben, dass Gott da sei und dass es wichtig sei, den anderen zu vergeben und auch sich zu entschuldigen. Wenn er ungut war, wollte er immer, dass alles wieder gut wird. Als er ganz alt geworden war, kam bei ihm einiges hinzu, was ihm das Leben in der Gemeinschaft nicht leichter machte. Er war gezwungen, immer mehr loszulassen: Seine Arbeitsbereiche in der Sakristei, bei Führungen, im Speisesaal. Er bemerkte auch selbst den Verfall seiner Kräfte. Einmal sperrte er sich ein, weil er glaubte, verrückt zu werden. Nach einem Schenkelhalsbruch konnte er nur mehr im Bett liegen, sah tagaus, tagein die Wand gegenüber. Bei allem musste sich der ehemals so starke Bruder nun helfen lassen, doch 14 Tage vor seinem Tod hat er noch zu mir gesagt, er sei Gott für jeden Tag dankbar, den er noch leben darf. Im Advent, ein halbes Jahr vor seinem Tod, ging ich mit einer 7. Klasse zu ihm. Sie wollte im Advent ein gutes Werk tun. Als wir zu ihm kamen, setzte er sich in seinem Bett auf und begann zu reden: „Was glaubt ihr, warum ich das alles

schaffe: nur im Bett liegen und nichts Vernünftiges mehr tun können? Es kommt bald Weihnachten und da sehen wir, dass Gott
sich ganz klein macht, als kleines Kind kommt er zu uns. Und
wisst ihr, alle Tage kommt dieser Jesus auch zu mir, in der Gestalt
der Hostie, auch ganz klein, und das gibt mir die Kraft, alles
durchzustehen und dennoch froh zu sein. Und damit ihr seht, dass
ich froh bin, singe ich euch ein Liedchen vor." Mit krächzender
Stimme begann er dann, er war ein Steirer, Volkslieder aus seiner
Heimat zu singen. Ich hatte ärgste Bedenken, wie meine Schülerinnen und Schüler auf das alles reagieren würden. Und was sah
ich? Sie standen mit offenen Ohren und Augen da. Für mich war
das die beste Weihnachtspredigt, die ich je gehört habe. – Die
Älteren lieben.

Benedikt gibt dem Abt den Auftrag, das Böse zu hassen, den
Bruder aber, der das Böse tut, müsse er lieben. Das ist der ent-
scheidende Punkt. Bei aller Unterschiedlichkeit der Auffassungen
und Meinungen kommt es auf die Liebe an.

Als ich noch ein junger Stürmer im Kloster war, hatte ich natürlich allerhand stürmische Ideen. Dass ich unser Stift Melk verkaufen wollte, um woanders ein neues Kloster zu bauen, habe ich
schon erwähnt. Solche Ideen hatten wir immer wieder. Trotzdem
durften wir spüren, dass uns die Älteren schätzten und mochten.
Auch wir schätzten unsere älteren Mitbrüder. Wir haben versucht, sie zu ehren, wenn es auch nicht immer leicht war. Dieses
„Sich-aneinander-Reiben" und trotzdem „Miteinander-unter-
wegs-Sein" ließ auf die Dauer manches werden, das ich nicht zu
träumen gewagt hätte. Einige unserer unvernünftigen Ideen wurden bis heute allerdings noch nicht Wirklichkeit – was wohl auch
besser so ist. Dafür ist manche kühne Idee von damals heute in
unser gemeinsames Miteinander eingeflossen.

Die Rangordnung unter den Brüdern gemäß dem Eintritt
wird heute nicht mehr buchstabengetreu eingehalten, aber sie hält
doch alle auf einem gemeinsamen Boden. Benedikt ging es im
Grunde darum, dass keiner sich über den anderen erhebt und ihn

ausgrenzt, dass jeder seinen Platz hat. Es sollen die Starken finden, was sie anzieht, und die Schwachen nicht abgeschreckt werden (vgl. RB 64, 19). Benedikt wollte also jede Bevorzugung wegen des Ansehens vermeiden, nimmt aber Rücksicht auf die Schwachen (RB 34, 2). „Wer weniger braucht, danke Gott und sei nicht traurig. Wer mehr braucht, werde demütig wegen seiner Schwäche und nicht überheblich wegen der ihm erwiesenen Barmherzigkeit. So werden alle Glieder in Frieden sein" (RB 34, 3–5). Benedikt ist überzeugt, dass im Miteinander alles gut geht, wenn jeder sich so sieht, wie er ist und nicht mehr sein will. Überheblichkeit und Stolz sind in seinen Augen eine große Gefahr. Da will er einen Weg weisen, wenn er meint: Die Älteren ehren, die Jüngeren lieben.

Der Alltag in einem Benediktinerkloster

In den ersten christlichen Jahrhunderten, wahrscheinlich auch durch die damalige Überzeugung von der nahenden Wiederkunft Jesu Christi bedingt, hatten sich frühe Formen asketischen Lebens entwickelt. Man wollte das Evangelium nicht nur verstehen, sondern auch nach ihm leben. In Palästina und Ägypten zogen sich immer mehr junge Männer zurück und lebten als Asketen. Sie führten ein sehr strenges, enthaltsames Leben nach eigenem Gutdünken. In Ägypten gab es erste „koinobitische" (gemeinschaftliche) Formen: Die Mönche lebten in Gemeinschaft, aber mehr nebeneinander als miteinander. Erst den Griechen war es vorbehalten, zu einem echten Gemeinschaftsleben in den Klöstern zu finden. Für Basilius den Großen (Caesarea, 4. Jahrhundert) war das Kloster eine Kirche im Kleinen, wo jeder seine besondere Aufgabe hatte. Die Mönche der ersten Zeit lebten also als Einsiedler und in durchaus verschiedenen gemeinschaftlichen Formen. Sie beteten viel, arbeiteten nebenbei, lasen in der Schrift. Doch all das geschah ohne eine klare Ordnung.

Einem Römer wie Benedikt musste das gegen den Strich gehen. Ihm war klar, dass da eine Ordnung geschaffen werden müsse. Benedikt hat also die Stunden des gemeinsamen Gebets festgelegt und er hat auch unmissverständlich klar gemacht, dass alles seine Zeit habe: „Müßiggang ist der Feind der Seele, deshalb sollen die Brüder zu bestimmten Stunden mit Handarbeit, zu bestimmten Stunden mit geistlicher Lesung beschäftigt sein" (RB 48, 1). Benedikt will, dass der ganze Tag durch das gemeinsame Gebet geheiligt werde: Ein Gebet in der Nacht und sieben Gebetszeiten während des Tages bildeten einen festen Rahmen. Dazwischen gab es Stunden für die Arbeit und Stunden für die „Heilige Lesung". Die Arbeit bestand in der Frühzeit in körperlicher Betätigung, die Lesung in erster Linie im Lesen der Heiligen Schrift und der Schriften der Mönchsväter. Benedikt gab dem gemeinsamen Leben eine Ordnung. Wie schon an anderer Stelle gesagt, wurde das heute weithin bekannte „Ora et Labora" (Bete und Arbeite) zum Motto für die Benediktiner. Wenn man es genau nimmt, müsste man allerdings ein „Lege" (Lies) hinzufügen, weil Benedikt der Lesung – für jene, die lesen konnten – große Bedeutung beimaß. Die Lesung war für Benedikt eine wichtige Maßnahme, seine Mönche zu einer gewissen geistigen Beweglichkeit zu führen.

Dieser „Beweglichkeit" ist auch die kulturelle Fruchtbarkeit der Benediktinerklöster zu verdanken. Die Arbeit hat sich im Laufe der Zeit gewandelt. Zur Feldarbeit gesellte sich die Handarbeit in den Werkstätten. Weil immer mehr junge Menschen in die Klöster zur Erziehung geschickt wurden, kam auch noch die Unterrichtstätigkeit hinzu. Diese wiederum setzte wissenschaftliche Arbeit und Studium voraus. Später nahm auch noch die Seelsorge großen Raum ein. Alle genannten Tätigkeitsbereiche finden sich noch heute in unseren Klöstern. Durch die Arbeit der Benediktinermönche wurde die Grundlage für das jetzige Europa gelegt. Den Nährboden für all diese wichtigen Bereiche fanden die Mönche im Gebet.

Auf diese Weise entstanden, quasi nebenbei und ohne jede Absicht, große künstlerische und kulturelle Werte. Land wurde urbar gemacht, effektive Wirtschaftsbetriebe gebildet. Durch alle Jahrhunderte der Geschichte gab es in den einzelnen Klöstern immer wieder Mönche, die besondere Gaben hatten und die durch ihre Fähigkeiten Akzente in konkreten Bereichen setzten. Da waren große Künstler, Baumeister, Maler und Musiker, Historiker, hervorragende, wissenschaftlich ausgebildete Lehrer. Jede Zeit, jedes Kloster brachte je nach den vorhandenen Begabungen große Werke hervor.

Für Melk waren es vor allem zwei Aufgabenbereiche, die unser „Labora", unsere Arbeit, ausmachten: die Erziehungsarbeit in der Schule und die Seelsorge in unseren Pfarren. Die Pfarrseelsorge ist für Österreich historisch gewachsen, für klösterliches Leben allerdings nicht förderlich, weil ein guter Teil der Mitbrüder gar nicht in der klösterlichen Gemeinschaft leben kann, sondern oft weit vom Stift entfernt, außerhalb des Klosters in den Pfarren. Wir können uns diesen Aufgaben jedoch heute, in der Not der Kirche, nicht entziehen.

Die Erziehungsarbeit im Stift selbst war durch die Jahrhunderte eine echte Aufgabe unseres Klosters. Ursprünglich hatte es seit der Barockzeit ein Konvikt gegeben, das durch die verkehrstechnische Entwicklung der letzten Jahrzehnte immer überflüssiger wurde. Im selben Maß, in dem das Internat kleiner wurde, wuchs die Schule. Seit 1967 gibt es auch Mädchen am Gymnasium. Heute unterhält das Stift ein normales Gymnasium, das einen humanistischen (Griechisch) und einen neusprachlichen (Französisch) Zweig führt, und ein Oberstufengymnasium mit drei Ausrichtungen (bildnerisch, musisch und naturwissenschaftlich). Über 900 Schüler besuchen diese Schule. In den letzten Jahrzehnten wuchs immer mehr eine außerordentliche Seelsorge zu: Einkehrtage, Exerzitien, Begleitung von suchenden Menschen. Kulturelle Veranstaltungen verschiedenster Natur haben zwar vordergründig einen anderen Zweck, sie finden jedoch in den Räumen des Hauses, im spirituellen Ambiente statt und werden so auch indirekt zur Verkündigung.

Die Äbte des Hauses werden jedes Jahr gebeten, in verschiedenen Pfarren Firmungen zu halten. Wir, Abt Georg und ich, stellen uns gerne in diesen Dienst und versuchen junge Menschen anzusprechen. Auch da geschieht manches, das uns beiden Freude macht. Ich möchte hier ein Erlebnis erzählen, das mir vor Jahren bei einer Firmung zuteil wurde: Nach der Feier kam ich auf den Kirchenplatz und traf dort auf ein Elternpaar mit seinem mongoloiden Sohn. Sie blickten traurig in die Welt. Ich konnte einfach nicht vorbeigehen, ohne sie anzusprechen. Sie erzählten mir, ihr Sohn hätte gefirmt werden sollen, er sei jedoch nicht zu bewegen gewesen, nach vorne zu gehen. Da begann ich mit dem Buben zu reden und fragte ihn, warum er nicht zur Firmung gegangen sei. Er zeigte überhaupt keine Reaktion, schaute nur finster zu Boden. Ich ließ nicht locker: „Hast du etwa Angst gehabt?" Ohne aufzublicken, stieß er hervor: „Ja!" – „Schau, du brauchst dich doch nicht zu fürchten. Gehen wir in die Kirche, du, dein Pate, deine Eltern und ich, und dann spende ich dir das Sakrament der Firmung. Magst du?" – „Nein!", war die trockene Antwort. Ich redete einfach weiter: „Nachmittags ärgerst du dich grün und blau, wenn alle deine Freunde gefirmt sind, nur du nicht." Da schaute er das erste Mal auf und sagte: „Ja!"

Darauf gingen wir hinein und ich spendete ihm das Sakrament. Er sagte seinen Namen und auf die Firmformel sein Amen, was gesunde Kinder in der Aufregung oft nicht schaffen. Ich unterschrieb sein Firmbildchen und sagte: „Das hat sonst niemand bekommen, nur du." Zufrieden stapfte er weg. Warum ich diese Episode erzähle? Die Pointe kommt erst nachher. Als ich ins Pfarrcafé kam, war er mit seinen Eltern dort. Alle waren froh gestimmt. Als er mich hereinkommen sah, lief er auf mich zu und fragte: „Du, wo wohnst denn?" Ich wusste überhaupt nicht, was ich sagen sollte, stammelte etwas von einem großen Haus und so. Bei der ganzen Sache war ich der Beschenkte.

Das ist eines der vielen Erlebnisse, wo mir – ich hoffe, dass die Leser das verstehen – Gott begegnete. Wer die Schrift kennt, wird sofort an die Begebenheit erinnert, als Johannes der Täufer seine Jünger zu Jesus führt und diese verdattert vor ihm stehen. Jesus fragt sie: „Was wollt ihr?" Sie sagen zu ihm: „Rabbi, wo wohnst du?" (Joh. 1, 35–38)

Für die Entwicklung des Ordens war auch wichtig, dass in der Regel Benedikts sehr viel Wert auf die individuellen Fähigkeiten der Brüder gelegt wurde. Er dachte dabei zunächst an Handwerker, die ihre Tätigkeit so ausüben sollten, wie sie es konnten. Eine

Sorge hatte er dabei aber schon: Wenn manche von ihnen überheblich werden sollten und sich auf ihr Können etwas einbilden und sogar dem Glauben anheimfallen, dass nur ihr Tun ihrem Kloster Vorteile verschaffte, dann soll ihnen die Arbeit wieder weggenommen werden. „Sie sollen sie aber wieder ausüben dürfen, wenn sie demütig geworden sind" (RB 57, 1–3).

Ich habe durch viele Jahre die Entwicklung meiner Gemeinschaft mitverfolgen und teilweise auch mitgestalten dürfen. Als ich selbst noch Schüler in Melk war, erlebte ich hervorragende Lehrer. Obwohl es damals nur Frontalunterricht gab. Diesen Lehrern war es ein Anliegen, dass ihre Schüler ihr Lebensziel erreichten. Doch sie waren alle, ganz nach dem Geist der Zeit, sehr starke Persönlichkeiten, um nicht zu sagen: Sie waren wirklich ziemlich autoritär. Sie konnten aber trotz der zur Schau getragenen Strenge immer wieder sehr menschlich sein. 50 Jahre später zeigt sich heute ein ganz anderes Bild der Schule: Wenn früher Schüler beisammen standen und ein Lehrer dazukam, verstummte sofort das Gespräch. Wenn heute ein Lehrer zu einer Gruppe von Schülern kommt, darf er – wenn er Glück hat – vielleicht mitreden. Eine völlig andere Sicht der Autorität wird hier deutlich. Sie findet ihren Ausdruck in einer wesentlich stärkeren Achtung der Konturen junger menschlicher Persönlichkeiten. Die Schule von damals und die von heute sind eigentlich nicht mehr miteinander zu vergleichen. Ein wenig durfte auch ich am Werden einer neuen Begegnung mit jungen Menschen mithelfen. Für mich waren meine Schüler immer irgendwo meine Freunde, und ich sage gern, dass ich sehr viel von ihnen gelernt habe. Als Religionslehrer etwa lernte ich von meinen Schülern das freie Beten. Gebet und Arbeit: Wenn es gemeinsam mit Schülern geschieht, kann beides ganz wunderbar zusammenklingen.

Wir alle leben in dieser Welt, leben in Familien oder sonstigen Gemeinschaften, haben einen bestimmten Beruf, den wir ausüben, um leben zu können. Ich habe ja schon geschrieben, dass beim heiligen Benedikt der ganze Mensch mit all seinen Bereichen wichtig ist. Das zeigt sich auch, wenn man ein wenig den Alltag eines Klosters betrachtet. Das schon erwähnte benediktinische Motto „Ora et Labora (et Lege)" spricht den ganzen Menschen an. Die Arbeit, also zunächst ein körperliches Tun, wird bei Benedikt durch das Gebet getragen, weil es eher emotionale Bereiche des Menschen anspricht. Dazu kommt das „Lege", das Lesen. Damit ist die Beschäftigung mit geistlichen und geistigen Inhalten gemeint – und da wird der Intellekt in die Pflicht genommen. Aus dieser geistigen Dimension hat sich eine eigene Tätigkeit entwickelt: Sie betrifft die Auseinandersetzung mit religiöser, später auch profaner Literatur und das Tradieren von kulturellen Werten, wenn man junge Menschen unterrichtet. Benedikt ist es wichtig, dass Gebete und geistige Beweglichkeit das Tun des Mönches tragen und leiten.

Der gläubige Mensch erfährt, wie sehr das Gebet ein Leben prägen und tragen kann. Das ist eine „feste Ordnung", die heute in den Ohren vieler nicht mehr erstrebenswert klingt. Weshalb ich den Vorteil einer festen Ordnung mit den Gedanken eines anderen großen Denkers erläutern möchte. Benedikt hat uns aufgetragen, dass diese Ordnung den ganzen Tag durchziehen und heiligen soll. Antoine de Saint-Exupéry fand in „Der kleine Prinz", einem Märchen für Erwachsene, eine wunderbare Erklärung für den tieferen Sinn fester Bräuche: Wenn der Prinz um vier Uhr nachmittags komme, könne der Fuchs schon um drei Uhr anfangen, sich darauf zu freuen. Wenn er aber irgendwann komme, könne er nie wissen, wann sein Herz da sein soll. Es müsse eben feste Bräuche geben. Solche Bräuche sind für jede feste Beziehung eine unerlässliche Voraussetzung, natürlich auch für unsere Beziehung zu Gott.

Diese festen Bräuche sind nicht nur für das Beten wichtig. Benedikt hat als typischer Römer die feste Ordnung natürlich verinnerlicht. Immer wieder finden sich bei ihm Hinweise auf Rituale, die bestimmte Bereiche des klösterlichen Lebens regeln: Etwa wenn es um die wöchentlichen Dienste in der Küche geht

(RB 35, 15–18), um den Dienst des Tischlesers (RB 38, 2–4), um Buße für Vergehen (RB 43 u. 44), um die Aufnahme von Gästen (RB 53, 3–4 u. 8–14) oder um die Profess eines Novizen (RB 58, 17–23), also seine endgültige Entscheidung für das Leben in einem Kloster. Was das Essen bei Tisch betrifft: Tischrituale sind heute noch in wohl allen Familien der letzte Anker, der diese Gemeinschaft im Innersten zusammenhält. Ähnliches erfahren die Menschen ja auch, wenn sie ihren Urlaub planen. Dieser beginnt nie erst mit der Abreise. Schon zuvor hat die Familie schöne Stunden erlebt, weil sie den Urlaub gemeinsam geplant hat. Es würde sogar helfen, die tägliche Freizeit zu ritualisieren. Wer einen vollen Terminkalender hat, weil die Arbeit ihn so in Anspruch nimmt, kann dem drohenden „Ausbrennen" nur dann entfliehen, wenn er sich in seinen Terminkalender endlich auch „Freizeit" einträgt. Egal, ob damit die wöchentliche Stammtischrunde gemeint ist oder der Rückzug auf die Couch, auf der ein gutes Buch gelesen oder angenehme Musik gehört wird. All das hilft dem modernen Menschen, sein Leben mit einem echten, wahren Sinn zu erfüllen.

Rituale wie diese betreffen auf den ersten Blick nur den körperlichen Bereich. Sie wollen aber den ganzen Menschen ansprechen, ihn erinnern und wachrufen. Im menschlichen Miteinander spielen solche Rituale eine wichtige Rolle, weil sie erfahrbar ausdrücken, was für uns wirklich wichtig ist.

Benedikt legt ebenfalls ganz großen Wert auf geistige Beschäftigung. Selbstverständlich denkt er zunächst an geistliche Literatur, mit der sich die Mönche auseinandersetzen sollen. Es hat auch monastische Lebensweisen gegeben, die nur auf Disziplin Wert gelegt hatten, die eigentlich einem Anti-Intellektualismus das Wort redeten. Da hieß es, dass geistige Tätigkeiten für die klösterliche Disziplin abträglich wären. Im 15. Jahrhundert gab es eine Reformbewegung im benediktinischen Mönchtum. Im deutschen Sprachraum lief sie in zwei Richtungen. Eine dieser Bewegungen ging von Melk aus: Bei aller Betonung der Disziplin wurde nach der sogenannten Melker Reform sehr viel Augenmerk auf Geist und Wissenschaft gerichtet, was in enger Kooperation mit der Wiener Universität geschah. Die zweite Bewegung ging von dem niedersächsischen Kloster Bursfelde aus: Sie sah allein in strenger Disziplin eine Sicherstellung monastischen Lebens gewährleistet. Beide Bewegungen wurden von der lebendigen Kraft evangelischer Prediger überrannt.

Bei der Melker Reform waren trotz lebendiger geistiger Beschäftigung, von der die Stiftsbibliothek reichlich Zeugnis gibt, Zeremonialvorschriften und Abhandlungen über das Verbot von Fleischessen sehr wichtig. Was doch wieder nur eine äußerliche Gegebenheit war. Deshalb konnte auch sie nicht standhalten. In der Gegenreformation erkannte der Melker Abt, dass nur ein geistiger Hintergrund monastisches Leben tragfähig machen könne. Er schickte junge Mitbrüder zum Studium an bekannte Universitäten. Als diese dann ins Kloster zurückkamen, ging es sehr bald wieder aufwärts. Es kam zu einer zweiten Melker Reform, in der die Disziplin stimmte, die aber von einem intellektuellen Geist getragen war. Der äußere Ausdruck dieser Reform ist der großartige Melker Barockbau, der aus diesem Geist heraus entstanden ist.

Es wird sehr offenkundig, wie sehr hinter all unserem Tun stets geistige Beweglichkeit stehen muss. Für den gläubigen Menschen ist klar, dass auch das Sein mit Gott dieses Tun befruchten kann. Zeiten der Ruhe und der Stille können Menschen sehr viel Energie schenken, damit sie später wieder imstande sind, ihre Kräfte voll zu entfalten.

Einseitigkeiten haben immer geschadet und lassen den Menschen nicht jenes Wesen sein, als das er von Gott gedacht wurde. Ordnung und Disziplin, die festen Bräuche, werden nur dann eine tragfähige Basis bilden, wenn dahinter der Verstand steht – und für den gläubigen Menschen der Glaube.

Offenheit für Menschen und geistige Auseinandersetzung

Der heilige Benedikt umgab sein Kloster auf einem Berg, an dem festen Ort, mit einer festen Mauer. Es war ihm ein Anliegen, dass seine Mönche geschützt und unabgelenkt beten und arbeiten konnten. Immer wieder finden sich Hinweise, dass sie nicht mit dem Leben außerhalb des Klosters in Berührung kommen sollten. Wenn Brüder auf Reisen geschickt wurden, sollten sie vorsichtig sein und nach ihrer Rückkehr nichts erzählen, „was sie außerhalb des Klosters gesehen oder gehört haben, denn das richtet großen Schaden an" (RB 67, 5). Benedikt schließt also sein Kloster von der Welt ab, das muss jedoch nicht bedeuten, dass die Welt schlecht ist, sondern weil der Verkehr mit der Welt Unruhe bringt und damit Gefahren. Gerade in unserer Zeit heute wird die Abgeschiedenheit der Klausur, des eigentlichen Klosterbereichs, als große Wohltat empfunden. Es gibt einen Ort, an dem Ruhe herrscht und die Brüder Platz für sich selbst haben.

Benedikt will also sein Kloster vor Gefahren schützen. Dennoch aber ist dieses Kloster nicht verborgen, es ist eine Stadt auf dem Berg, die weithin gesehen werden kann. Und dieses Kloster ist auch offen für Menschen, die dorthin kommen. Es klang bereits an, dass Gäste wie Christus aufgenommen werden sollen. Benedikt schreibt ein eigenes Kapitel über die Aufnahme von Gästen (RB 53). Da wird ausführlich Vorsorge getroffen und ein religiöses Empfangszeremoniell beschrieben. Eine eigene Küche für Gäste soll es geben. Dort sind Brüder als Köche vorgesehen, die ihr Geschäft verstehen, während in der Küche der Mönche alle zum Kochen drankommen, ob sie es können oder nicht.

Viele Klöster bieten gestressten Managern bereits Klausuren an, bei denen sie sich in stiller Zurückgezogenheit wieder der wahren Werte ihres Lebens besinnen können. Diese Sehnsucht nach Abgeschiedenheit ist heute mehr denn je zu beobachten. Auch die „Wellness-Industrie" erfreut sich großen Zuspruchs. Viele Gäste klagen über den Stress, der sie angeblich dort erwartet. Ich bin eher der Meinung, dass sich diese Menschen den Stress dort selbst machen, weil sie von „Behandlung zu Behandlung" eilen und dabei vergessen, dass Kosmetik und körperliches Wohlbefinden noch lange nicht die Seele zufriedenstellen. SPA (Salus per aquam) ist also nicht das Allheilmittel. Kann dann noch ein Crashkurs in Sachen Spiritualität, bei dem derzeit sehr gerne auf fernöstliche Weisheiten zurückgegriffen wird, helfen? Das mag gut gemeint sein. Aber Spiritualität muss täglich gelebt werden und sollte nicht als Teilzeit-Feigenblatt zugekauft werden. Diese Oberflächlichkeit schafft nur Verwirrung bei einer geistigen Sinnsuche.

Offensichtlich wurden die Klöster schon seit jeher von Gästen besucht. Es wird in der Regel erwähnt, dass Gäste vielfach unvorhergesehen kommen und dass sie dem Kloster nie fehlen (RB 53, 16). Diese waren unterschiedlichster Art. Es kamen: Bessergestellte, Pilger, Arme und Fremde (RB 53, 15). Allen diesen soll die angemessene Ehre erwiesen werden (RB 53, 2). Wenn aber gerade bei Armen und Fremden besonderer Eifer und Sorge aufgeboten werden sollen, zeigt sich eindeutig, dass die Klöster von Anfang an ein hohes soziales Empfinden hatten. Die Klöster sollten also bei aller Bewahrung der eigenen Ruhe und Identität offen sein für Menschen, die hierher kommen.

Diese Offenheit war in der Geschichte der Klöster immer gegeben, freilich in sehr unterschiedlichem Maße. Das Schaffen eigener Bereiche für Mönche, die Sehnsucht nach Ruhe, schlägt da manchmal durch. Trotzdem sind die meisten Klöster bereit, Gäste aufzunehmen, besonders wenn es sich um Menschen handelt, die gläubig sind und Gott suchen.

Mein Kloster hat diese Offenheit stets gekannt. Immer wieder kamen und kommen Gäste. Über Besuche des Kaiserhauses war man stolz, den Besuch Napoleons musste man dagegen ertragen, jenen von Wolfgang Amadeus Mozart erwähnt man. Seit den Anfängen gab es Sängerknaben, die für ihr Singen bei den Gottesdiensten im Kloster wohnen konnten und unterrichtet wurden. Im 18. Jahrhundert wurde ein Internat eingerichtet, das vielen jungen Menschen die Möglichkeit zum Ablegen der Matura brachte.

Melk wird durch seine Lage und sicher auch durch seine Schönheit von vielen Menschen aus aller Welt besucht. Der Großteil der Besucher kommt, weil man Melk wohl einmal gesehen haben muss. Da ist es uns ein Anliegen, diesen Menschen Denkanstöße zu geben, wenn sie durch unser Haus gehen. Was wir mit dem Tourismus verdienen, ermöglicht uns den Erhalt unserer Schule. Das Bemühen des Hauses hat 2008 eine besondere Bestätigung erhalten. Das „National Geographic Traveler Magazine" hat die Wachau in einem Ranking von 109 Sehenswürdigkeiten weltweit als „Best Historic Destination in the World" bezeichnet, wobei das Stift Melk – so viel Stolz muss erlaubt sein – ausdrücklich hervorgehoben wurde.

Das Grundanliegen Benedikts, dass es im Kloster auch einen Ort der Ruhe gibt, lässt sich bei uns verwirklichen. Im Klausurtrakt können wir für uns sein. Der Rest des Hauses ist offen für Menschen, die kommen, aus welchen Gründen immer. Räumlichkeiten des alten Internats wurden als Gästezimmer eingerichtet, um auch Übernachtungsmöglichkeiten für Teilnehmer an Exerzitien und Seminaren zu bieten. Ebenso wurden Tagungsräume mit modernster technischer Ausstattung geschaffen. Wir versuchen weiterzugeben, was uns geschenkt ist.

Wir neigen dazu, feste Vorstellungen und Ansichten von unserem Leben zu haben. Auch unsere Mitmenschen haben ihre festen Charaktere und Denkweisen. Was bisweilen zu Konflikten führen kann. Meinung steht gegen Meinung. Da man von dem eigenen Weg gewöhnlich sehr überzeugt ist, steht die Versuchung im Raum, die Vorstellung der anderen zu verurteilen und damit auch oft das Urteil über den Menschen zu sprechen. Benedikt wollte stets die Meinungen anderer hören. Ob diese vom jüngsten Bruder oder auch von einem fremden Mönch kommen, war dabei nicht so wichtig. Ja, Gott könne diesen sogar deshalb geschickt haben, dass er der Gemeinschaft neue Wege weist. Wenn wir über unser Leben nachdenken, dann erinnern wir uns an Begegnungen, die für uns wegweisend waren. Wir wurden mit mancher Ansicht konfrontiert, die uns zunächst völlig falsch erschienen war, die sich aber später doch noch als richtig herausgestellt hatte. Da bedarf es der Fähigkeit des Hinhörens, des Überlegens und der Bereitschaft, umzudenken. Im Grunde geht es darum, offen zu sein für das Wehen des Geistes, das uns auf vielfache Weise bewusst werden kann.

Diese Offenheit zeigt sich nicht nur im materiellen Sinn. Etwa, dass wir unser Haus öffnen, bestimmte Teile den Menschen zugänglich machen, mit diesen Menschen teilen, was unseren Lebensbereich ausmacht. Natürlich muss ein gewisser Teil bleiben, der nur für uns da ist, wo wir die Kraft holen, um dann für die Menschen da sein zu können. Diese Offenheit zeigt sich aber vor allem auch im geistigen Bereich: Wir leben in einer Welt, in der es viele Meinungen, Weltansichten, politische und religiöse Überzeugungen gibt. Und wir neigen dazu, nur unsere Sicht als richtig anzusehen und alles andere dem Bösen in die Schuhe zu schieben. Nach dem Zweiten Weltkrieg trauten Katholiken evangelischen Mitchristen immer noch nichts Gutes zu. Umgekehrt war es übrigens ganz ähnlich. Besonders in Diasporagemeinden hatten Gläubige Angst, von Anhängern anderer Religionen vereinnahmt zu werden.

Da hat sich, Gott sei Dank, vieles geändert. Aber dennoch sollten wir uns immer fragen: „Wie steht es mit unserer Bereitschaft, auf andere zuzugehen?" Dabei geht es nicht nur um andere christliche Konfessionen, sondern auch um solche Menschen, die aus der Kirche ausgetreten sind oder sich nichtchristlichen Religionen verpflichtet fühlen, und solche, die an gar keinen Gott glauben können. Wir haben doch alle eine ganz wichtige gemeinsame Ebene: Wir sind alle Menschen, es gibt verschiedene Wege, die zum Ziel führen. Wie immer diese Wege verlaufen, im Grunde wollen wir alle glücklich sein und froh leben. Wir können überzeugen, wenn wir zunächst offen sind für ein Anderssein, für eine andere Gläubigkeit, für eine andere Überzeugung.

Dieses „Sich-öffnen-Können" ist nicht immer leicht. In jeder Gemeinschaft gibt es verschiedene Meinungen über dieses „Sich-Öffnen" und über den Grad der Öffnung. Wir, der Konvent des Stiftes Melk, haben unser Haus immer wieder für Besucher zu öffnen versucht. Wir haben uns nach langer Auseinandersetzung auch darauf geeinigt, unseren Park für Besucher zu öffnen – also einen wichtigen Freizeitbereich ein wenig mit Erholungs- und Ruhesuchenden zu teilen.

Wir ermöglichen in den Räumen unseres Klosters immer wieder Veranstaltungen mit zutiefst unterschiedlichen Inhalten. Ein Beispiel mag das Waldzell Meeting sein, das Wissenschaftler, Wirtschafter und Medienleute aus aller Welt zusammenrief, um sich über den Sinn menschlichen Lebens Gedanken zu machen. (Der Name ist dem „Glasperlenspiel" von Hermann Hesse entnommen, in dem geistig rege Menschen sich an einem fiktiven Ort namens Waldzell treffen, um ihre Gedanken auszutauschen.) Es wurden die unterschiedlichsten Ansichten vertreten, die verschiedensten Wege beschrieben. Eines durften wir bei all diesen Veranstaltungen erfahren: Dass sich diese Menschen – die oft überhaupt nicht religiös sind – bei uns wohlfühlten.

Melk war allerdings – das muss schon gesagt werden – zeit seines Bestehens ein wenig liberal. Die einen sehen in dieser Liberalität eine Gefahr, andere freuen sich, dass ihnen hier ganz offen begegnet wird. Unsere Erfahrung ist die, dass wir in dem Grad, in dem wir uns öffnen, Zuwendung erfahren. Und dass auch wir uns angenommen und ernst genommen wissen dürfen.

Wir sehen auch in diesem Verhalten eine Verkündigung der Frohen Botschaft.

Neben all dieser Bereitschaft, sich für die Menschen zu öffnen, herrscht in der Kirche sicher auch bei manchen religiösen Menschen die Angst, dass man Heiliges dem Verderben preisgibt. Man müsse sich schützen und ganz enge Grenzen ziehen, heißt es dann immer wieder. Das sind fundamentalistische Bestrebungen, die es in der Kirche eben noch gibt und die den Menschen Ängste einreden wollen. Solche Tendenzen finden wir bereits in der Urkirche, als das Christentum immer mehr seine Tore hin zu den Heiden öffnete. Das Apostelkonzil hat sich damals, wenn auch nach heftigen Auseinandersetzungen, klar für die Freiheit und Offenheit ausgesprochen. Das Christentum will für alle Menschen offen sein.

Unser Stift, die Stadt auf dem Berg, lässt junge Menschen jahrelang an stummen Glaubenszeugen vorbeigehen und dabei Schönes ganz unbewusst aufnehmen. Sie erfahren hier bei allem Auf und Ab zu guter Letzt stets nicht mehr und nicht weniger als menschliche Nähe. Diese Stadt auf dem Berg lässt auch Menschen, die zufällig vorbeikommen, Schönes sehen und vielleicht auch manchen Denkanstoß erfahren. Sie gibt Raum für vieles, was unseren Geist und unser Leben prägen kann.

„Du hast mich hinaus in die Freiheit geführt" (Ps. 66, 12)

Wir leben alle an einem bestimmten Ort mit seinen Gegebenheiten. Zusammen mit ganz bestimmten Menschen, die alle ebenfalls eine besondere Eigenart haben – wie wir selbst auch. Das alles umgibt uns wie die Luft, die wir atmen, diese Gegebenheiten sind der Ausgangspunkt für unser Dasein. In diesem Ambiente können und sollen wir einfach wir selbst sein. Zu unseren eigenen charakterlichen und körperlichen Voraussetzungen kommen unsere Mitmenschen mit ihrer ganz persönlichen Art. Durch sie sind wir bisweilen eingeschränkt und können uns nicht so bewegen, wie wir das vielleicht oft gerne hätten.

Sind wir also freie Menschen, oder nicht doch Wesen, die von vielerlei Komponenten bestimmt werden? Damit wir tatsächlich „wir selbst" werden, uns selbst verwirklichen, können wir gar nicht in schrankenloser Freiheit leben.

Gerade unsere Zeit hat den Wert des Individuums sehr klar erkannt. Der Selbstverwirklichung wird von unserer Gesellschaft heute sehr viel Raum gegeben. Diese Selbstverwirklichung kann aber niemals ohne Rücksicht auf Verluste geschehen. Sie setzt die Bedachtnahme auf unsere Mitmenschen und unsere Lebensumstände voraus. So kann sie etwa nur innerhalb einer Gemeinschaft gelingen, weil wir als Gemeinschaftswesen geschaffen sind. Auch die Selbstverwirklichung unterliegt also einer sinnvollen Ordnung, die sich in jeder Gemeinschaft entwickelt. Nur in diesem Rahmen kann ich zu mir selbst finden, kann ich werden, was in mir steckt. Benedikt meint in seiner Regel: „Die Brüder sollen einander in gegenseitiger Achtung zuvorkommen; ihre körperlichen und charakterlichen Schwächen sollen sie mit unerschöpflicher Geduld ertragen" (RB 72, 4–5). Bei unseren örtlichen und persönlichen Umständen spielt natürlich für den gläubigen Menschen auch Gott eine wichtige Rolle, der uns auf unserem Weg begleitet.

Jedenfalls hat uns Gott die Willensfreiheit geschenkt, die sich innerhalb unserer persönlichen Lebensumstände entfalten soll. Gott will, dass wir diese Freiheit leben. Und wir alle sind unterwegs zur wahren Freiheit.

Der Mensch will nun in all seinem Tun immer das für ihn Gute, Bessere und Beste finden. Das für ihn absolut Gute will ich letztlich mit „Gott" zusammenfassen. Da wird die Sache etwas kompliziert. Denn der Mensch wählt bisweilen nicht das, was mit Gott gemeint ist, sondern etwas, das ihm im Augenblick als gut erscheint. Kurz: Er wählt ein relatives Gut. Wenn der Mensch auf dem Weg zum absolut Guten das relativ Gute wählt, entsteht aber eine Spannung. An sich hat er ja das absolut Gute gewollt, wenn er es aber im relativ Guten nicht gefunden hat, ist er enttäuscht. Wenn es ihm gelingt, im Blick auf das absolut Gute das relativ Gute als befriedigendes Etappenziel zu betrachten, wird er gelassen sein können. Wenn er aber vom relativ Guten enttäuscht ist, dann wird er sich zutiefst unfrei fühlen, weil er erkannt hat, dass es nicht sein letztes Ziel ist. Wenn es dem Menschen jedoch gelingt, Abstand und Gelassenheit gegenüber den relativen Gütern zu wahren, ist er frei, und als freier Mensch kann er unterwegs bleiben, bis zu diesem absoluten Gut, das für den gläubigen Menschen mit Gott identisch ist.

Bei diesem Unterwegssein überfordern wir unsere Umwelt bisweilen. Weil wir von ihr die Erfüllung unserer tiefsten Sehnsucht erwarten. Manchmal bewegen wir uns bei unserem Unterwegssein in Bereichen an der Oberfläche. Dabei merken wir aber nicht, weshalb wir innerlich nicht froh sind. Konkret: Es gelingt uns nicht, einem Menschen echt zu vergeben, der uns wehgetan hat. Wir fühlen uns dabei oft überfordert, wenn uns das nicht auf Knopfdruck gelingt. Oder wir nehmen verschiedene Pflichten nicht so genau, halten diese Dinge oberflächlich für nicht so wichtig, und wir wissen nicht, warum wir innerlich einfach nicht glücklich sein können. Wenn wir mit einem Menschen oder mit einer Entscheidung in unseren Gemeinschaften Schwierigkeiten haben, sehen wir häufig isoliert nur dieses eine Problem und stellen das Ganze der Gemeinschaft, das wir im Grunde bejahen, in Frage. Wir sind so auf diese eine kleine Sache konzentriert, dass wir das jeweils Größere nicht mehr sehen können. Wir wissen aber intuitiv alle, dass wir nur dann froh sein können, wenn Äußeres und Inneres gemeinsam klingen.

Wenn unser Tun allein auf das Gute zielt, wächst unsere innere Freiheit von der Umwelt und von uns selbst. Wir werden frei und können das tun, was wir eigentlich tun wollen. Zielt unser Tun auf die relativen Güter allein, verlieren wir unsere innere Freiheit und werden immer mehr Sklaven der Dinge, der Menschen und unserer selbst. Angesichts dieser Konflikte suchen nicht wenige ihr Heil in der Flucht in den Alkohol oder indem sie materielle Güter herbeisehnen, wie luxuriöse Autos, protzige Villen und auch amouröse Abenteuer, bei denen schöne Frauen wie Statussymbole gejagt werden – alles zusammen: Autos, Häuser und sogar Menschen betrachten wir nur noch als Trophäen. Und doch sind diese „relativen Güter" nie mehr als ein Ausdruck unserer eigenen Hilflosigkeit. Oder wir flüchten in einen Volkshochschulkurs, der vielleicht spirituelle Hilfe verspricht.

Zugegeben: Die relativen Güter sind sicher nicht von vornherein als schlecht zu betrachten. Aber nur dann, wenn wir sie als das wahrnehmen, was sie sind. Wenn sie in unserem Denken aber zu obersten Gütern werden, wird es wirklich gefährlich. Weil wir ständig dazu neigen, den Blick auf das eigentlich Wesentliche zu verlieren, stehen wir ständig im Kampf um unsere Freiheit. Entweder wir lassen uns unterjochen von der Einwirkung aller uns bedrängenden und eingrenzenden Menschen und Dinge – oder wir werden zunehmend Herr im eigenen Haus. Nur dann können wir wirklich frei sein. Das eigentlich Wesentliche muss also klar in unserem Blickpunkt sein, damit wir tatsächlich frei werden.

Als ich Abt wurde, also unsere Gemeinschaft leiten musste, war ich überzeugt, dass ich mit dieser Gemeinschaft den gemeinsamen Weg in Freiheit gehen musste. Keiner sollte sich bei uns gezwungen fühlen. Jeder sollte sich freiwillig einordnen, seinen Platz in der Gemeinschaft sehen und in der letzten Konsequenz auch leben.

Gregor der Große berichtet in seinen Dialogen (Dialoge III, 16, 9) von dem Einsiedlermönch Martinus, der sich eine eiserne Kette an den Fuß legte und sie mit dem anderen Ende an einem Felsen befestigte, damit er nur so weit gehen konnte, wie die Länge der Kette reichte. Er legte sich also selbst Fesseln an, um sich in Schranken zu halten. Als Benedikt davon hörte, ließ er ihm durch einen Schüler ausrichten: „Wenn du ein Diener Gottes bist, soll dich nicht eine Kette von Eisen halten, sondern die Kette Christi." Man würde heute sagen, dass er nicht gezwungen, sondern frei einhalten soll, was er nach seinem Gewissen für richtig findet. Martinus löste sofort seine Fessel, ging aber trotzdem keinen Schritt weiter. Er beschränkte sich ohne Kette genau auf den Raum, an den er sich vorher gebunden hatte. Diese Legende ist für die damalige Zeit ein gewaltiges Zeugnis des freiwilligen Einordnens in das Ganze der Gemeinschaft. Weil Martinus' Wille „Herr über Zeit und Raum wurde". Dieser freie Wille – und nur sein eigener – kann jene Eingrenzung jederzeit selbst aufheben. Die Tatsache, dass Martinus sich selbst zum Herrscher über seine Bewegungsfreiheit gemacht hatte, brachte ihn Gott schon einen bedeutenden Schritt näher.

Ich weiß: Manche hätten lieber Befehle gehabt, um sich dadurch vielleicht eigene Anstrengungen zu ersparen. Ich weiß aber auch, dass Freiheit immer ausgenützt wird, weil ein Leben mit einem verantwortungsvollen Blick auf das Ganze nicht einfach ist. Ich ging diesen Weg, weil ich der Meinung war und bin, dass es der Weg ist, den unser Herr den Leitern und auch den Mitgliedern einer Gemeinschaft weist. Ich glaube wirklich, dass nicht der Mensch frei ist, der die Freiheit ausnützt, wie ich ebenfalls überzeugt bin, dass nicht der Mensch frei ist, der zurückschlägt, sondern jener, der die andere Wange hinhält und der aus Überzeugung den geraden, aber engen Weg geht. Wir leben in unseren Gemeinschaften als gläubige Menschen. Als solche sehen wir unser absolutes Gut: Wir sehen Gott, der uns geschaffen und erlöst hat. Wir haben uns unserer Gemeinschaft angeschlossen. Damit sagen wir „Ja" zum Ganzen dieser Gemeinschaft, zu den Mitbrüdern, unseren Aufgaben, Gegebenheiten und Möglichkeiten. Wir können uns an sich nur im Ganzen dieser Gemeinschaft als gläubige Menschen verwirklichen. Deshalb wissen wir auch, dass Bindungen, die wir in Freiheit eingehen, einfach für uns lebensnotwendig sind, dass es absolute Freiheit ohne Verantwortung nicht gibt. Ich kann zwar bestimmte Bindungen ablehnen, gehe aber gerade dadurch wieder andere ein.

Wieder in unser konkretes Leben umgesetzt: Es ist gut, wenn wir uns in unserer Gemeinschaft verschiedenen Aufgaben widmen, die uns liegen, die uns übertragen werden. Es ist auch gut, wenn wir uns freuen über das, was wir zustande bringen. Über das, was wir können. Wenn mich aber die geringste Irritation aus der Fassung bringt, weil ein anderer vielleicht besser zu sein scheint, manches besser kann, von den anderen mehr akzeptiert wird, verliere ich den Abstand, die innere Freiheit. Dann verabsolutiere ich mich selbst und stelle mich außerhalb des Ganzen. Ich verliere den Bezug zu dem, was ich eigentlich will. Wenn mir all das gefällt, was ich zuwege bringe, wenn ich mich mit den anderen freue über das, was sie können, wenn trotz aller Unterschiede ein gutes Miteinander gelingt, so bejahe ich die Bindung an die Gemeinschaft. Dann verwandle ich Bindung in Freiheit. Frei bin ich letztlich dann, wenn ich mich in der Ordnung weiß, was mein Gewissen und die Gemeinschaft betrifft, wenn ich in der konkreten Situation fern jeder Unmündigkeit eine ganz persönliche Entscheidung fälle. Wenn in einer Gemeinschaft Verantwortungsbewusstsein und eine sinnvolle Ordnung gegeben sind und wenn Gott als eigentlicher Mittelpunkt des Lebens gesehen wird – oder bei einem Menschen, der nicht an Gott glauben kann, dass sein Gewissen dieser Mittelpunkt ist –, wird der Mensch von Selbstüberschätzung, Machtbesessenheit und von seinem Narzissmus befreit. Und dadurch wird er erst richtig frei sein können.

Wenn ich auf die 26 Jahre meines Wirkens als Abt zurückblicke, gelang manches, vieles aber auch nicht. Mir war immer klar, dass ich eben noch unterwegs bin, unterwegs zu einer größeren Freiheit, dass ich aber nicht allein unterwegs bin, sondern zusammen mit Menschen, die ihrerseits auch auf dem Weg sind, denen vieles gelingt, vieles nicht gelingt. Ich musste zusammen mit meinen Mitbrüdern vieles lernen, immer wieder. Ich muss auch jetzt, da ich meine Aufgabe in jüngere Hände gelegt habe, lernen, weiterlernen, bis zu dem Augenblick, in dem ich meine Augen schließen werde. Alle Tage, wenn ich mich zu Bett begebe, bete ich den letzten Satz des Te Deums: „In te, Domine, speravi, non confundar in aeternum." – „Auf dich, o Herr, habe ich mein Vertrauen gesetzt, ich werde in Ewigkeit nicht zu Schanden werden." Ich hoffe, dass ich am Ende meines Lebens das Amen dazu sagen kann. Im Glauben, dass unser Herr und Gott mich in die ganz große Freiheit hinausführt, in der es keine Tränen mehr gibt, keinen Schmerz und kein Leid.

164

Klöster als Zeichen
sinnvollen Lebens

Die Stadt auf dem Berg

Bei Matthäus lesen wir: „Ihr seid das Licht der Welt. Eine Stadt, die auf einem Berg liegt, kann nicht verborgen bleiben" (Mt. 5, 14). So sind auch Benediktinerklöster geistige und spirituelle, aber auch kulturelle und wirtschaftliche Mittelpunkte der Regionen, in denen sie gegründet wurden.

Unsere klösterliche Gemeinschaft ist kleiner und größer geworden

Auch die klösterliche Gemeinschaft von Melk bildet seit Jahrhunderten ein geistliches Zentrum, durch unser Gymnasium und die Pfarren ist seine Strahlkraft sicher sogar überregional. Die Geschichte zeigt, dass geistliche Zentren auch wirtschaftliche Auswirkungen haben. Wo geistliches Leben gedeiht und die Wirtschaft floriert, entstehen ganz von selbst kulturelle Impulse. Im Laufe der Geschichte unseres Klosters gab es ein ständiges Auf und Ab, wie es im menschlichen Leben nun einmal ist. Trotz allem gingen immer wieder starke geistliche, wirtschaftliche und kulturelle Anstöße von unserem Kloster aus.

Waren früher die Professoren des Gymnasiums, die Erzieher des Konvikts und die wirtschaftlichen Führungskräfte Glieder unserer Gemeinschaft, kamen in den letzten Jahrzehnten immer mehr weltliche Führungskräfte in verantwortungsvolle Positionen. Ebenso lief es in den Pfarren, in denen der früher für alles allein verantwortliche Pfarrer immer wesentlicher in seiner seelsorglichen Arbeit durch engagierte Gläubige unterstützt wird.

Auf diese Weise steht eine ganze Reihe von Mitarbeiterinnen und Mitarbeitern, Professoren, Angestellten und Arbeitern in unseren Betrieben in einer nahen Beziehung zu unserer Gemeinschaft. Auch Gläubige in den Pfarren unterstützen in wichtigen Bereichen zunehmend die Arbeit unserer Seelsorger. Es gibt also um unsere klösterliche Gemeinschaft einen ansehnlichen Kreis von Menschen, die in irgendeiner Weise zu uns gestoßen sind.

Das Stiftsgymnasium ist immer größer geworden und die meisten Schüler sind sehr gerne bei uns. So ist unsere Schule zunehmend zu einem Kulturträger geworden, der die Strahlkraft des Klosters verstärkt. In unsere Schule kommen junge Menschen, denen wir oft schon vorab sympathisch sind. Viele von ihnen halten auch noch nach ihren, zugegeben nicht immer leichten, Schuljahren Kontakt mit uns, nehmen an den Gottesdiensten teil und an verschiedensten Veranstaltungen, bei denen sie selbst mitwirken oder mitgewirkt haben. Etwa an unseren Musicals, die von ehemaligen Sängerinnen und Sängern gern besucht werden. Auch sie alle gehören irgendwie zu uns.

Darüber hinaus gibt es Menschen, die uns und unser Stift durch verschiedene Aktivitäten und Veranstaltungen religiöser und kultureller Natur kennenlernten. Auch sie stehen uns nahe und wir ihnen.

Eine Erweiterung der klösterlichen Gemeinschaft von Melk

Das Stift wurde also ein geistlich-kulturelles Zentrum, das für viele Menschen wichtig geworden ist. Da solche Beziehungen immer auf Gegenseitigkeit beruhen, war es nur logisch, dass diese Menschen auch für unsere Gemeinschaft eine immer größere Bedeutung erlangten. Aus diesen Entwicklungen und Gründen heraus reifte der Gedanke, mit diesem Kreis eine ganz bewusste und bestimmte Form der Gemeinschaft zu bilden. Und zwar auf der Grundlage unseres Glaubens und der Regel Benedikts, die ja eigentlich nur eine Anwendung der Heiligen Schrift auf das Leben in der Gemeinschaft darstellt. Diese Regel zeichnet eine große Weite aus, sodass sie für verschiedene christliche Lebensformen eine Norm sein kann und auch für weltliche Lebensbereiche einen Weg zu weisen vermag.

Es gibt noch eine Ursache, warum wir daran dachten, eine solche benediktinische Gemeinschaft im Zusammenhang mit unserem Kloster zu gründen: Das Stift hat viele und große Aufgaben im Kloster, aber auch außerhalb. Auch wir leiden unter dem Mangel an Berufungen für unsere Gemeinschaft. So sind wir nur wenige Arbeiter im Weinberg des Herrn. Wenn es nun gläubige Menschen gibt, die in den verschiedensten Berufen und Bereichen leben und die eine gewisse Verbindung mit uns eingehen, könnte durch sie auch unser Wirken verstärkt werden.

Wir sind der Meinung, dass das Miteinander unserer klösterlichen Gemeinschaft mit Menschen, die in der Welt leben, für beide Seiten, für sie und für uns, eine große Bereicherung bedeutet. Sie können bei uns im lebendigen Austausch geistig und geistlich auftanken und dann in ihren Lebensbereichen die Sendung des Klosters weitertragen. Unser geistlich-kulturelles Zentrum kann so eine stärkere Wirkung entfalten. Wenn gläubige Menschen ihre Taufe und Firmung ernst nehmen, können sie bei uns für ihr christliches Leben ein Zuhause finden, eine geistliche Heimat, die Kraft gibt und froh macht. Auf der anderen Seite verleihen das Leben und die Erfahrung solcher Menschen auch unserer Gemeinschaft Impulse.

Es ist ein notwendiges Korrektiv, das uns Mut macht. So kann unsere klösterliche Gemeinschaft größer und durch neue Erfahrungswerte bereichert werden. Wir als Zentrum dieser Gemeinschaft erfahren einen Gewinn, indem wir diese Menschen an den geistlichen Gütern der Gemeinschaft teilhaben lassen. So wird ein gegenseitiges Geben und Nehmen möglich.

Die Communio Benedictina Mellicensis

So kam es zur Gründung dieser Gemeinschaft zwischen Laien und unserem Kloster. Im Jahre 2002 beschloss das Kapitel, das ist die Versammlung aller unserer Vollmitglieder, die Gründung einer benediktinischen Gemeinschaft von Melk für Laien. 2003 begannen die ersten Mitglieder mit dem „Noviziat", in dem sie mit benediktinischer Spiritualität vertraut gemacht wurden. Nach einem Jahr des Kennenlernens legten die ersten Mitglieder das Versprechen ab, im Sinne unserer Gelübde in ihren weltlichen Bereichen zu leben: in Treue, in ehrlicher Arbeit an sich selbst und im Suchen nach dem Willen Gottes. Heute gehören etwa 40 Frauen und Männer unserer Laiengemeinschaft an. Wir treffen einander alle zwei Monate und besprechen verschiedenste Themen. Der Austausch und das Gespräch sind wichtige Grundpfeiler unseres Miteinanders.

Wir nennen uns Benediktinische Gemeinschaft von Melk, Communio Benedictina Mellicensis (CBM). Inzwischen ist unsere Gruppe langsam das geworden, was wir uns vorgestellt hatten. Gläubige Menschen, die sich mit unserer klösterlichen Gemeinschaft verbunden fühlen, teilen ihren Glauben mit uns und wir mit ihnen. Wir sind bereit zu geben und hoffen auch auf ein Empfangen. Sie können von unserer Gemeinschaft manches lernen und erfahren, genauso wie wir von den „Gliedern" der Communio Benedictina Mellicensis. Es geht um ein partnerschaftliches Miteinander und wir fühlen uns miteinander verbunden.

Die Wirkung der Klöster auf ihre Umwelt und die Verbundenheit mit unseren Mitmenschen außerhalb der Klostermauern war seit jeher eine klare Folge klösterlichen Lebens. Und wie im Kapitel „Träume: Illusionen oder Visionen?" ausgeführt, wird diese Verbundenheit auch ihre Zukunft sein.

Spiritualität als Gegenpol zu weltlichem Materialismus

In unserer Zeit zählt vielfach nur das Greifbare

Menschen schauen immer wieder auf das, was man wägen, messen und zählen kann. Das führte dazu, dass uns heute in Zeitungen mitgeteilt wird, wer „Die zehn begehrtesten Junggesellen" der Welt, aber auch, wer „Die 50 schlechtest gekleideten Damen" sind. Selbst das Essen wird bereits wie im Sport mit Punkten bewertet. Bald werden die Kinder dieser neuen Gesellschaft fragen, „wie viel ein Kilo Liebe" kostet.

In der Menschheitsgeschichte steht am Anfang der Glaube an Götter, später der Glaube an einen Gott. Immer mehr aber machte sich der Mensch zum Maß aller Dinge. Wir leben in einer zunehmend säkularisierten Welt, Gott ist für viele Menschen Geschichte geworden.

An sich ist es für den Einzelnen ganz angenehm, wenn er glaubt, dass er niemals Rechenschaft für sein Tun ablegen muss. Er meint also, tun und lassen zu können, was er will. Dabei leben viele Menschen, die nicht an Gott glauben, dennoch sehr verantwortungsbewusst. Man ist fast versucht zu sagen, christlicher als manche Christen. Was ein weiterer Beweis dafür ist, dass das Gewissen der Menschen prinzipiell recht gut funktioniert.

Werden wir aber älter und tritt der Gedanke an den Tod intensiver vor unsere Augen, dann suchen wir ihn entweder zu verdrängen oder wir bemühen uns, sich mit ihm abzufinden. In beiden Fällen sollte man sich aber einen Satz von Seneca in Erinnerung rufen. Der schrieb vor 2000 Jahren: „Wir haben nicht wenig Zeit – nur vertan haben wir viel davon."

Sehnsucht nach Spiritualität ist spürbar

In vielen Gesprächen und Begegnungen erfahre ich, wie viele Menschen eine ganz große Sehnsucht nach einem Sinn in unserem Leben, eben nach Spiritualität, verspüren.

In den letzten Jahren des Waldzell Meetings kamen auch sogenannte „Architects of The Future" zu uns nach Melk. Das sind junge Leute, die noch nicht berühmt sind, aber einem „inneren Ruf" folgen, der sie dazu drängt, unserer Welt mit ihren Zukunftsvisionen zu helfen. Wo sie Nöte und Ängste in unserer Gesellschaft spüren, versuchen sie anzusetzen. Und zwar nicht, indem sie diese Nöte und Ängste beim Namen nennen, vielmehr indem sie ganz konkret Menschen, die keine Hoffnung haben, neue Wege zeigen wollen.

Beim Waldzell Meeting wurden also nicht nur Fragen nach dem Sinn des Lebens gestellt, sondern auch Wege überlegt und gegangen, die einen neuen Sinn stiften können. Seit den Anfängen durfte ich an diesen Zusammenkünften teilnehmen. Ich traf dort Gläubige, Ungläubige, Materialisten und Forscher, die von ihrer Wissenschaft besessen sind. Und bei allen spürte ich immer wieder eine ganz starke Sehnsucht nach Spiritualität. An einem Abend kamen sie jedes Mal alle in unserer Kirche zusammen: Dort gab es keine Andacht, nur spärlich eingesetzte meditative Musik – und das in einem wunderschönen Raum. Alle waren beisammen: Ruhig, gesammelt, ergriffen gingen sie zu den mit Sand gefüllten Schalen im Altarraum, in die sie eine brennende Kerze steckten. Jedes Mal verließen sie still und tief beeindruckt die Kirche.

Bei solchen Veranstaltungen wird der ganze Mensch angesprochen, nicht nur der Verstand, und da wird in der Tiefe des Herzens diese große Sehnsucht spürbar, die Sehnsucht aller Menschen nach Glück, nach Liebe, nach Sinn – eben nach Spiritualität.

Ob Osten oder Westen, ob Kommunismus oder Kapitalismus, Egoismus, wie alle diese Ismen heißen mögen: Ihnen allen ist eigen, dass sie nur materielle Werte als real ansehen. Sie lassen nur gelten, was wir mit unseren Sinnen wahrnehmen können. Der Mensch sei Staub und werde wieder zu Staub. Man müsse das Leben genießen, solange das noch möglich sei. Wir wissen alle, wie sehr der Mensch bestrebt ist, sich das zu verschaffen, wonach ihm gerade gelüstet. Er möchte haben, besitzen, genießen und wird dabei stets in Versuchung geführt, seine Grenzen zu übertreten. Obwohl jeder in seinem Gewissen deutlich spürt, worauf es ankommt, ist er ständig bemüht, sich so lange einzureden, es wäre richtig, was er will, bis er es selbst glaubt. Daraus fließt dann all das, was uns zutiefst belastet und Angst macht. Skrupellosigkeit und Brutalität sind immer wieder die Folgen, Schlag und Gegenschlag stehen auf der Tagesordnung. Wohin soll das führen?

Neben all diesen rein materialistischen Gedanken und Bestrebungen kann man aber auch gegenläufige Tendenzen wahrnehmen: „Kann das Greifbare alles sein? Der Mensch lebt nicht vom Brot allein." Es zeigt sich wieder, dass es um den ganzen Menschen geht, der eben nicht nur einen Körper und einen Verstand hat, sondern auch Emotionen. Man kann diese Sehnsucht nach dem, was dahinter steht, die Spiritualität, in verschiedenster Weise beobachten. In der katholischen und wohl auch in der evangelischen Kirche ist bei Gottesdiensten gewöhnlich eine größere Zahl an Gläubigen beisammen. Die Gottesdienste müssen so gestaltet werden, dass möglichst alle sich angesprochen fühlen. Dabei geht das Geheimnisvolle, Irrationale, ein wenig verloren, das für den Menschen neben seiner Verstandeskraft auch wichtig ist. Man kann nun beobachten, dass viele Gläubige aus diesen Kirchen sich zu kleineren sektenhaften Gemeinschaften hingezogen fühlen, in denen viel mehr spirituelle Erfahrung gesucht und geboten wird. Viele Menschen lassen sich auch auf esoterische Praktiken ein. Auch dahinter steckt dieselbe Wurzel, die große Sehnsucht nach Spiritualität.

Klöster sind auch Wirtschaftsbetriebe. Da geht es natürlich auch um materielle Belange und Sorgen. Bevor ich Abt wurde, habe ich mich um wirtschaftliche Dinge mit Genuss nicht gekümmert. Gerade deshalb habe ich lange gebraucht, bis ich innerlich zu meiner Wahl „Ja" sagen konnte. Ich hatte ganz schön zu kämpfen, dass ich die Balance zwischen rein wirtschaftlichem Denken und meiner klösterlichen Existenz schaffen konnte. Schon als ich in Wien Latein und Griechisch studieren musste, dann als Lehrer und auch noch als Abt, war ich dankbar, dass ich seelsorglich für Menschen da sein durfte. Wenn wir spirituell etwas geben wollen, muss die Spiritualität in uns da sein. Und bei meinem Wirken, als Priester und auch als Abt, habe ich immer die große Sehnsucht der Menschen nach Werten gespürt, die bleiben – und die liegen eben bei jedem viel tiefer.

Klöster sind Orte der Sinnfindung

In den Klöstern leben Menschen, die in ihrem Glauben einen Sinn für ihr Leben sehen. Schon die Bauweise der Klöster spricht von diesem Glauben. Wenn man sich etwa unser Stift Melk vor Augen führt: Die Kirche steht von Weitem sichtbar auf einem Felsen. Der Blick reicht über die Donau hinaus in das Land. Zwischen den Türmen befindet sich eine Statue des auferstandenen Herrn. Daraus ist zu schließen: Dieses Haus wurde von Menschen errichtet, die an die Auferstehung und das Leben glauben, die diesen Glauben zu leben versuchen und diesen Glauben auch verkünden.

Lebensbejahende Menschen stellen sich alle dieselben beiden Fragen: „Woher komme ich?" und „Wohin gehe ich?" Als Kind hat man mir einen Weg gezeigt, im Glauben an Jesus Christus, der uns die Botschaft von einem liebenden Vatergott bringt. Dieser übernommene Glaube hatte es auch in meiner Pubertät, wo wir alles in Frage stellen, nicht besonders leicht. Und dann kommt vieles auf uns zu: Begegnungen, die uns formen. Beziehungen, die uns binden. Berufe, die uns mehr oder weniger erfüllen. Kurz: Das Auf und Ab eines Lebens. Manchmal haben wir den Durchblick, dann wieder sehen wir den Wald vor lauter Bäumen nicht. Allmählich werden wir älter, treten leiser. In unserer Zeit kann von heute auf morgen schon alles anders sein, wenn zum Beispiel der Arbeitsplatz gefährdet ist oder wir unwichtig werden. Müssen wir da nur mehr auf das Sterben warten?

Was will Gott von mir? Wenn alles gut geht, ist es in Ordnung. Wenn Sand ins Getriebe kommt, stehen wir an. Was ist da Gottes Wille? Dieser Wille Gottes kann dem gläubigen Menschen auf mehrfache Weise bewusst werden.

Ereignisse und Erlebnisse zeigen uns Gottes Willen

Vieles geschieht uns. Nicht allem können wir ausweichen. Es gibt Tatsachen in unserem Leben, die wir nicht ändern können: Wir bekamen in St. Pölten einen Bischof, von dem wir überzeugt waren, dass es so, wie er sein Amt verstand, nicht geht. Das sollte Gottes Wille sein? Vielleicht ist es nicht Gottes Wille, dass er so ist. Für mich aber war es zunächst sicher sein Wille, die Situation anzunehmen. Genauso sah ich Gottes Willen darin, diesem Bischof – nennen wir ihn ruhig beim Namen: Kurt Krenn – zu sagen, was mir nicht richtig schien: „Nimmt er die Kritik an, ist es recht. Nimmt er sie nicht an, muss ich versuchen, damit zu leben." Alle meine Briefe an ihn blieben übrigens unbeantwortet. Ich las nur dann von ihm, wenn er wieder einmal von mir verlangte, dass ich meine aufmüpfigen Mitbrüder maßregeln sollte. Diesen Schreiben waren stets Zeitungsausschnitte beigelegt, in denen Kritik meiner Brüder an der Amtsführung Krenns nachzulesen war. Ich sah mir die Zitate meiner Brüder genau an und muss sagen: Sie hatten meiner Meinung nach mit ihrer Kritik recht. Also stellte ich mich bei meinen Antworten stets vor meine Brüder. Auf einen Dialog wollte sich der Bischof offenbar nicht einlassen.

Auch den anderen Äbten wurde es irgendwann zu viel. Wir beschlossen, alle gemeinsam nach Rom zu fliegen, um unsere Sicht der Dinge den betreffenden Stellen direkt zu unterbreiten, weil uns der Weg über die Medien nicht richtig schien. Leider war einer meiner Kollegen etwas zu redselig. Also bekam die Presse doch Wind von unserem Vorhaben. Weil wir nicht in einem mit Journalisten überfüllten Flugzeug nach Rom fliegen wollten, sagten wir die Reise kurzerhand ab. Immerhin konnte etwas später dennoch eine Abordnung von Äbten aus der Diözese St. Pölten unbemerkt nach Rom reisen. Wir wurden dort bei den entsprechenden Stellen zwar vorgelassen, erreichten jedoch nichts. Die Zeit musste zeigen, was Gottes Wille wirklich war.

Oft ist es so, dass Dinge geschehen, die wir zunächst beim besten Willen nicht als Gottes Willen begreifen können. Wir wollen etwas nicht, sind überzeugt, dass es für uns nicht gut ist, und es kommt doch genau so. Da beginnen wir zu hadern, lehnen uns auf, wollen unsere Situation nicht annehmen. Wir verstehen Gott und die Welt nicht mehr, tun alles, um die Lage zu ändern. Es nützt nichts. Wir müssen sie annehmen, auch wenn wir sie nicht verstehen. Dann versuchen wir eine Erklärung: „Wer weiß, wofür es gut war." Wir kommen aber vielleicht erst viel später darauf, dass es letztlich wirklich gut war, so wie es gekommen ist.

Das heißt nicht, nochmals sei es in aller Deutlichkeit gesagt, dass wir alles passiv hinnehmen sollen. Vielmehr sind wir aufgerufen, etwas zu unternehmen, zu tun, was wir können. Wenn alles nichts nützt, müssen wir uns abfinden. Wenn jemand eine unheilbare Krankheit hat, wird das Beten vielleicht nicht die Heilung bringen, wohl aber die Kraft geben, dieses Los anzunehmen. Ein Sterbender hat einmal zu mir gesagt: „Ich weiß, dass es gut wird, so oder so." Er hat aus dem Glauben die Kraft bekommen, das anzunehmen, was immer ihm bevorstand.

Viele Dinge, die uns das Leben bringt, können wir beeinflussen. Wir haben dazu Voraussetzungen, charakterliche und erworbene Fähigkeiten, ererbte und erarbeitete wirtschaftliche Möglichkeiten. Wir können deshalb vieles überlegen, planen und dann ausführen. Das sind jene Ziele, die wir uns selbst setzen.

Vieles aber im Leben „passiert" uns einfach. Natürlich auch Schönes und Gutes. Ein Partner, den wir lieben. Eine interessante berufliche Möglichkeit, die sich plötzlich auftut. Bei allem eigenen Tun, ist auch der Erfolg oft etwas, das uns widerfährt. Über diese Dinge sind wir froh, sind dankbar dafür, betrachten sie aber meistens als selbstverständlich.

Es gibt aber auch vieles, das uns nicht recht ist, das uns hart trifft, manches Mal ganz aus der Bahn zu werfen vermag. Wenn wir missverstanden, ungerecht behandelt werden, wenn uns jemand enttäuscht, ausnützt, wenn uns Krankheit trifft, Unglücksfälle passieren, dann stehen wir mit dem Rücken zur Wand und wissen keinen Weg. Das alles erschüttert uns und wir lehnen uns dagegen auf. Solche Erfahrungen aber sind nicht wegzudiskutieren. Dieses Leben ist ein Laufen von der Geburt bis zum Tod, früher oder später werden wir sterben. Wenn wir mit dem Auto fahren, müssen wir damit rechnen, dass etwas passiert. Auch vor Naturkatastrophen sind wir nicht gefeit. Es gibt vieles, das es in unseren Augen nicht geben dürfte – und doch ist es da: Kriege zwischen Völkern, Terroranschläge, Privatfehden. Einiges widerfährt uns, anderes setzen wir selbst.

Da stellt sich die Frage: „Wo ist Gott?" Viele gläubige Menschen geraten in solchen Situationen in große Schwierigkeiten und beginnen zu zweifeln. Auf der anderen Seite kann uns gerade der Glaube dann die Kraft geben, das Unabwendbare anzunehmen und zu tragen, was unserem Leben widerfuhr. Aber auch die Kraft, gegen Unrecht zu kämpfen und Auswege zu suchen. Es gibt ein altes Sprichwort, das dieses Dilemma entschärfen soll: „Gott schreibt gerade auch auf krummen Zeilen." Manches, das geschieht, ist nicht zu verstehen. Wir kennen vielfach seine Gesetzlichkeit, können es zunehmend mehr in den Griff bekommen. Trotzdem entsteht immer wieder Leid. Der Glaube schenkt dem Menschen das Wissen, dass er trotz allem froh sein kann. Das Wissen, dass dieses Leben nicht alles ist, dass es eine Auferstehung und ein Weiterleben gibt. Dieses Glaubenswissen bringt Kraft, Zuversicht und Freude.

Gespräche können Gottes Willen deutlich machen

Vieles wird in Gesprächen verständlicher, was man eigentlich schon vorher gesehen hat. Außenstehende sehen manches eben einfach besser. Bisweilen kann es sein, dass ein Gesprächspartner ganz andere Ansichten hat und doch einiges anmerkt, womit er recht hat. Wenn man da hinhört, wird oft etwas klarer, dann tun sich neue Wege und Einsichten auf – dann zeigt sich etwas Richtiges.

Der heilige Benedikt legte großen Wert auf das Gespräch. Das zeigt auch die Erfahrung. In unserem Zusammenleben ist es wichtig, dass wir uns austauschen. Ein altes Sprichwort sagt: „Durch das Reden kommen die Leute zusammen."

Ich musste als Abt immer wieder Besetzungen vornehmen. Wen kann ich in eine bestimmte Pfarre geben, in der ein Pfarrer gebraucht wird? Ich habe mir das nie leicht gemacht. Manchmal glaubte ich eine sichere Lösung gefunden zu haben, um dann im Gespräch mit den Betroffenen erfahren zu müssen, dass es nicht geht, wie ich es mir ausgemalt hatte. Gespräche ließen Grenzen klar werden, die jemand hat. Sie ließen die Aufmerksamkeit auf andere kommen, an die ich selbst nie gedacht hätte. Ich habe mit den Mitbrüdern, die das betraf, gesprochen: Auch mit einem Beratungsgremium, das dem Abt zur Seite steht. Ich habe mit den Pfarrgemeinderäten der betroffenen Pfarren geredet und auch auf sie gehört.

Einmal stand ich, als ich in eine Pfarrgemeinde fuhr, um mit dem Pfarrgemeinderat über die Versetzung ihres Pfarrers zu sprechen, einer Demonstration gegenüber, die sich auf dem Kirchenplatz versammelt hatte. Erst hatte ich nicht hinfahren wollen, weil ich Demonstrationen – ich hatte vorher davon gehört – eigentlich nicht mag. Dann dachte ich mir, das wäre Feigheit, Flucht vor dem „Feind". Der Kirchenplatz war voll von Menschen und Schwibbögen mit der Aufschrift: „Wir bitten dich, erhöre uns". Beschwörende Reden der Bürgermeister beider betroffener Pfarren und auch biblisch fundierte Worte des Pfarrgemeinderatobmann-Stellvertreters: „Als Jesus die große Menschenmenge sah, hatte er Mitleid …". Dann hat mir jemand ein Mikrofon in die Hand gedrückt. Ich antwortete: „Das ist richtig, aber Jesus sagte angesichts der hungernden Menge, die auf Brot wartete: ‚Was habt ihr?'" Und ich habe versucht, die Umstände zu erklären und auch anschließend mit dem Pfarrgemeinderat ein gutes Gespräch geführt. Nach diesem Gespräch nahm ich noch eine weitere Änderung vor. Letztlich konnte ich so eine gute und von allen akzeptierte Entscheidung treffen. Ich war sicher, dass diese Entscheidung nach den gegebenen Möglichkeiten die beste Lösung war.

Das Gespräch ist im Wesentlichen ein Dialog, in dem alle Gesprächspartner zu Wort kommen. Dabei ist es einfach wichtig, dass die Teilnehmer einander zuhören, dass nicht einer alle niederredet. Vielleicht ist eine der wichtigsten Voraussetzungen für ein gutes Gespräch die Fähigkeit, zuzuhören. Dann wird es möglich sein, zu verstehen, was der Partner meint, seine Anregungen aufzunehmen, sie mit den eigenen Gedanken in Beziehung zu setzen. Dann wird es immer wieder möglich sein, das zu finden, was in der gegebenen Gesprächssituation richtig und gut ist.

Einmal habe ich einem alten Mitbruder erzählt, dass meine Schwester und ihr Mann irgendwann übereingekommen seien, sich jeden Samstagabend zusammenzusetzen, um bei einer Tasse Kaffee miteinander zu reden. Da sagte dieser Mitbruder trocken: „So, die reden miteinander? Ich habe immer geglaubt, Eheleute reden nichts miteinander." Ich war über diesen Satz damals sehr erschrocken, habe aber aus vielen Gesprächen erfahren müssen, dass er nicht so unrecht hatte. Und dennoch stimmt das schon zitierte Wort: „Durch das Reden kommen die Leute zusammen."

Gottes Wille in der Heiligen Schrift

Wenn man als gläubiger Mensch die Heilige Schrift liest, wird auch dadurch oft deutlich, was Gottes Wille ist.

Als ich Abt wurde, war das für mich – wie bereits erwähnt – eine sehr schwere Entscheidung, die Wahl anzunehmen. Dennoch war mir klar, dass darin auch der Wille Gottes deutlich würde. Nach dem ersten Wahlgang wurden die Stimmen ausgezählt und dann wurden wir zur Verkündung des Resultats gerufen. Beim Hineingehen sah ich am Gesicht des Wahlvorsitzenden, den ich sehr gut kannte, was passiert war, und just in diesem Augenblick fiel mir eine Schriftstelle ein: Die Jünger waren voller Angst im Boot, da zeigte sich im Sturm und in den hochgehenden Wogen eine Gestalt: Ist es der Herr? Und Petrus: „Herr, wenn du es bist, dann lass mich über die Wogen zu dir kommen." Da sagte Jesus zu ihm: „Komm!" Petrus stieg aus dem Boot und ging, ja ging über die Wogen. Dann schaute er offensichtlich mehr auf den Wind und die Wogen und begann zu sinken. Auch da wusste er, wohin er sich wenden musste, hielt seine Hände hin zum Herrn: „Herr, rette mich!" Der Herr zog ihn heraus: „Kleingläubiger, warum hast du gezweifelt?" (Mt. 14, 22 ff.).

Für mich war der Ruf zu hören: „Steig aus dem Boot!" Ich stieg aus und ging. Ich schaffte Dinge, die ich nicht für möglich gehalten hätte, sank bisweilen genauso wie Petrus ein und musste meine Hände zu Ihm ausstrecken. Und Jesus zog mich heraus.

Wenn ich Probleme und Schwierigkeiten mit Menschen habe, die zu mir ungut sind, fallen mir die Worte aus der Bergpredigt (Mt. 5, 38–41) ein: „Auf eine Wange geschlagen, halt die andere hin, zu einer Meile gezwungen, geh zwei, um das Hemd gebeten, gib auch den Mantel dazu!" Dann weiß ich, dass ich trotz allem wieder versuchen muss, auf diese Menschen zuzugehen.

Irgendwann in meinem Noviziatsjahr habe ich mit der täglichen Lesung der Heiligen Schrift begonnen. Weil man sehr dazu neigt, sich nur Lieblingsstellen immer wieder vorzunehmen, begann ich fortlaufend zu lesen. Ich habe das Alte Testament zweimal durchgearbeitet, im Neuen Testament lese ich immer noch alle Tage. Immer wieder geschieht es mir, dass mich eine Schriftstelle direkt anspricht, die ich bisher noch nie so verstanden habe. Da kommt es nicht auf theologisches Wissen an, sondern einfach auf das Hinhören. Was meint dieses Wort heute, jetzt, für mich?

In unserer Gemeinschaft halten wir einmal im Monat ein Schriftgespräch. Es ist höchst interessant, wie da jedes Mal unterschiedliche Gedanken geäußert werden, wie jeder eine bestimmte Bibelstelle anders versteht. Seit geraumer Zeit kommen zu unseren Schriftgesprächen auch Mitglieder unserer CBM. Diese Laien bereichern durch ihre Gedanken unser eigenes Denken. Mir ist das nicht neu. Ich habe 30 Jahre hindurch jeden Samstagabend Jugendmessen gehalten, in denen das Wort der Schrift Anlass war, miteinander zu überlegen und Gedanken auszutauschen darüber, was Gott uns gerade in der jeweiligen Situation sagen wollte. Ich habe aus diesen Gesprächen mit der Jugend viel gelernt.

Auch wenn ich eine Predigt zu halten habe und mir die Schriftstellen des Sonntags durchlese, spricht mich immer wieder etwas anderes an, das ich so noch nicht gesehen habe. Benedikt legt größten Wert auf das Lesen der Schrift. Wenn man die Regel liest, sieht man ständig auch Verweise auf das Wort der Schrift, und Benedikt meint auch, dass es wichtig sei, mit dem „Ohr des Herzens" zu hören. Theologisches Wissen lässt auch vieles erkennen und verstehen. Was Gott aber jedem Einzelnen wirklich nahebringen will, erkennt er nur in seinem Herzen.

Gottes Wille in meinem Gewissen

Da bin ich nun, dem Gott auch ein Gewissen gab – und mit diesem Gewissen bin ich auf einer Ebene mit dem, der nicht glauben kann. Der nun also selbst sehen muss, was gut und richtig ist. Ich kann meine Erfahrungen überdenken, durch Gespräche Klärung suchen, mich durch das Wort Gottes ansprechen lassen. Doch dann muss auch ich selbst sehen, was richtig und gut ist, was Gottes Wille ist. Als gläubiger Mensch habe ich einfach das Wissen, dass ich in meiner Entscheidung nicht allein bin, sondern dass mir da einer beisteht. Als gläubiger Mensch sehe ich Gott an meiner Seite. Wenn ich nicht glauben könnte, würde mir das Gewissen einen Weg zeigen. Das Gute und für mich Richtige ist dann deckungsgleich mit dem, was der gläubige Mensch als den Willen Gottes sieht.

In allen Kulturen gab es Gesetze und Gebote, die das rechte Verhältnis der Menschen zu Gott und zu den Mitmenschen schriftlich dargelegt haben. Diese Gesetze und Rechte sind an sich den Menschen angeboren. Sie werden heute als Menschenrechte bezeichnet. In einer Deklaration der Vereinten Nationen wurden sie am 10. Dezember 1948 in den meisten Staaten als Grundrechte in das positive Gesetz aufgenommen.

Bei den Juden war die Grundlage der Gesetzgebung der Dekalog, die Zehn Gebote also, die Mose auf dem Berg Sinai übergeben wurden. Diese Gesetze regelten die Beziehung zu Gott und das menschliche Miteinander. Im Grunde gleichen die Zehn Gebote den Menschenrechten wie ein Ei dem anderen. Über die Jahrhunderte hat sich für das Volk Israel darüber hinaus ein gewaltiges Gesetzeswerk entwickelt, das alles und jedes zu regeln versuchte. Diese menschlichen Satzungen greift Jesus bisweilen an, weil sie dem Geist des Gesetzes widersprachen. Das Sabbatgebot war etwa so einengend, dass sein eigentlicher Sinn nicht mehr zu erkennen war. Da sagte Jesus sehr klar: „Der Sabbat ist für den Menschen da, nicht der Mensch für den Sabbat" (Mk. 2, 27). Jesus unterscheidet sehr genau zwischen göttlichem und menschlichem Gesetz.

So lebte der Mensch mit staatlichen und kirchlichen Gesetzen, die fraglos anerkannt wurden. Man hatte eine allgemeine Norm, an die sich alle halten sollten. Es wurde schon aufgezeigt, dass in der Renaissance das erste Mal Menschen sich mit Berufung auf ihr Gewissen gegen den Staat und die Kirche wandten. Wir erinnern uns an dieser Stelle wieder an Savonarola, der gegen die Prunksucht der Kirche angetreten war, und ebenso an Martin Luther. Savonarola wurde verbrannt, über Luther die Reichsacht verhängt. Es zeigte sich an diesen beiden Beispielen, dass etwas zu Bewusstsein gekommen war, das immer bedeutender wurde.

Das Zweite Vatikanische Konzil hat in der Konstitution „Gaudium et spes" über die Kirche in der Welt von heute sehr deutlich gesagt: „Im Inneren seines Gewissens entdeckt der Mensch ein Gesetz, das er sich nicht selbst gibt, sondern dem er gehorchen muss und dessen Stimme ihn immer zur Liebe und zum Tun des Guten und zur Unterlassung des Bösen anruft und, wo nötig, in den Ohren des Herzens tönt: Tue dies, meide jenes" (Gaudium et spes, 16). In seinem Gewissen hört der Mensch seinen Gott. „Durch die Treue zum Gewissen sind die Christen mit den übrigen Menschen verbunden im Suchen nach der Wahrheit und zur wahrheitsgemäßen Lösung all der vielen moralischen Probleme, die im Leben der Einzelnen, wie im gesellschaftlichen Zusammenleben entstehen" (ebenda).

Dieses Gewissen kann verbildet werden, kann verkümmern, kann irren, kann aber nie ganz unterdrückt werden. Weil Möglichkeiten einer Verformung gegeben sind, muss der Mensch sich selbst immer wieder überprüfen, sich mit seinen Gewissensansprüchen auseinandersetzen, informieren, aber letztlich muss er seinem Gewissen folgen, selbst wenn es subjektiv irren sollte. Die letzte Entscheidung liegt also beim eigenen Gewissen. Damit aber Irrtümer möglichst vermieden werden, ist es wohl wesentlich, die Ansprüche des eigenen Gewissens an objektiven Kriterien zu überprüfen, von denen vorher die Rede war.

Die Sinnsuche in der Geschichte des Stiftes Melk

Der heilige Benedikt schreibt in seiner Regel: Wenn einer ins Kloster kommen will, achte man genau darauf, „ob der Novize wirklich Gott sucht, ob er Eifer hat für den Gottesdienst, ob er bereit ist, zu gehorchen und ob er fähig ist, Widerwärtiges zu ertragen" (RB 58, 7).

Das eigentliche Anliegen Benedikts mit seinem Klosterkonzept ist die Suche nach Gott. Sowohl die Legenden um Benedikt als auch seine Regel lassen ganz stark erkennen, dass er selbst sein ganzes Leben bis zu seinem Tod Gott gesucht hat. Aus dieser Erfahrung heraus hält er es bei einem Neuankömmling für so wichtig, ob er wirklich Gott sucht.

Die Mönche hier in Melk haben die Jahrhunderte hindurch Gott gesucht und sich bemüht, auf dem Boden der jeweiligen Zeit Antworten, Impulse zu geben – manchmal klar und richtungweisend, manchmal schaumgebremst, bisweilen auch im Rückwärtsgang, wie es nun einmal in der Natur der Menschen liegt. Wenn sich dann dieses „Denken in Jahrhunderten" in einem Kloster einnistet, ist das kein Fortschreiten mehr. Da bleibt alles beim Alten. Das Leben kann sich nicht entfalten, selbst die Ordnung des Klosters ist keine Hilfe mehr und erst recht kein Halt. Dann bremst sie nämlich und lässt Leben ersticken. Das hat der Schreiber dieser Zeilen in seiner klösterlichen Jugend sehr deutlich erfahren: „Machen Sie es anders!"

Wenn man die Geistesgeschichte unseres Hauses anhand des Buchbestandes der Melker Bibliothek durchwandert, wird diese Suche nach Gott in den verschiedensten Facetten sichtbar.

Zeichen der Gottsuche

Aus dem 12. Jahrhundert (um 1160) ist das sogenannte Melker Osterspiel erhalten. Da geht es um die Auferstehungsbotschaft, die von zwei Engeln den Frauen am Grab verkündet wird. Diese Handschrift bringt das Osterevangelium und gibt dazu gleichsam Regieanweisungen, wie es mit verteilten Rollen zu singen ist: Zwei Priester als Engel fragen die Frauen, die zum Grab gekommen sind: „Wen sucht ihr?" Die Diakone, die die Frauen darstellen, sollen Salbgefäße tragen, das Schultertuch über den Kopf ziehen, dass sie wie Frauen aussehen, und mit hoher Stimme antworten: „Jesus Christus." Darauf verkünden die Engel (Priester) mit jubelnder Stimme: „Er ist auferstanden." Die Frauen gehen zu den Brüdern und verkünden ihnen die Auferstehung.

So sollte durch die emotionale und anschauliche Darstellung die Botschaft nachvollziehbar und erlebbar werden. Es sollte erfahren werden, wie man Gott findet.

Diese Tradition zieht sich durch die Geschichte des Klosters. Immer wieder ist von Theateraufführungen zu lesen. Für jeden kaiserlichen Besuch wurden Stücke geschrieben, komponiert und aufgeführt. Als 1946 das Jubiläum „950 Jahre Österreich" gefeiert wurde, entstand ein Festspiel. Im Internat des Stiftes pflegte man diese Tradition ebenfalls, ich habe selbst als Gymnasiast sehr gerne bei derartigen Inszenierungen mitgespielt. Als Abt förderte ich weiter alle Initiativen, Musicals aufzuführen. Dabei entstanden auch eigene Werke, wie etwa ein Musical für die Unterstufenkinder mit dem Titel: „Benni – über den heiligen Benedikt", das ein ganz junger Musikprofessor verfasst hatte. Da sind jene, die glauben, alles über den heiligen Benedikt zu wissen, von den neuen, erfrischenden Interpretationsmöglichkeiten seines Wirkens durch Kinder und Jugendliche immer wieder begeistert. Der emotionale kreative Zugang zu Gott, zu unserem Leben miteinander, ist im Grunde eine lebendige Suche nach Gott.

Gottsuche bei aller Kritik an der Kirche

Die Benediktiner von Melk suchten durch die Jahrhunderte in Gebet und Arbeit ihren Gott. Die Babenberger hatten Melk 1089 gegründet, weil sie wollten, dass am Grab ihrer Ahnen gebetet werde. Durch die Schenkungen an das Stift an der Peripherie der damaligen Ostmark wird sichtbar, dass das Herrschergeschlecht auch missionarische und kulturelle Interessen verfolgte.

Nach dem Niedergang des Klosters im 14. Jahrhundert kam es zu Beginn des 15. Jahrhunderts im Gefolge des Konzils von Konstanz zu einer Klosterreform, die den ganzen deutschen Raum südlich der Donau bis zum Rhein hin erfasste. Diese Reform lässt sehr stark erkennen, wie Gott wirklich gesucht wurde. Im Gegensatz zu ähnlichen Reformversuchen in Norddeutschland (Bursfelde) ging es den Melker Reformern nicht nur um die Disziplin, sondern auch um intellektuelles Suchen. Sie hatten enge Beziehungen zur Wiener Universität.

Wie sehr diesen Mönchen aus Melk Gott und die Kirche ein Anliegen waren, zeigt die sehr emotional geführte Auseinandersetzung der Reformer mit den Problemen der Kirche in dieser Zeit. Nachdem mit Martin V. nach dem abendländischen Schisma ein Papst gewählt und damit die Institution saniert worden war, tat sich jedoch im Bezug auf die höchst notwendige Reform der Kirche überhaupt nichts. Die Reformer waren sehr aufgebracht und in heiligem Eifer überboten sie einander in der Kritik an der Kirche. Der Kartäuserprior Vinzenz von Aggsbach tauschte mit dem Melker Reformer Johannes Schlittpacher Traktate in lateinischer Sprache aus. Dem Kartäuserprior war Johannes Schlittpacher nicht radikal genug: Er polterte emotionsgeladen gegen Papst Calixtus III. (calix heißt: der Kelch). Dieser sei ein Leidenskelch für die Kirche, vom Metall der Kardinäle geschmiedet. Er habe keinerlei Hoffnung, dass dieser Kelch ein Heilstrank sei, weil Calixtus schon altersschwach und an die Unart der Kurie gewöhnt sei. Der grobschlächtige Prior fiel, wenn er besonders erregt war, ganz gerne in seine Muttersprache und bezeichnete diesen 80-jährigen Mann wenig vornehm als „alten Scheißer". Er ist mit Schlittpacher nicht recht zufrieden, weil jener zwar für ein allgemeines Konzil sei, aber viel zu wenig dafür tue. Vinzenz zeigt sich dann hoch erfreut, als Schlittpacher doch etwas unternimmt. Bald jedoch wettert er wieder, dass Schlittpacher nicht genug unternehme. Dabei ging es Schlittpacher sehr wohl um die Reform, nur war er eben viel diplomatischer. Die Korrespondenz der beiden ist in Form von Traktaten in der Stiftsbibliothek erhalten.

Diese durchaus kirchenkritische Haltung, bei aller Treue und bei allem bewussten Stehen in der Kirche, war in Melk und zum Großteil auch in den anderen Benediktinerklöstern durch alle Jahrhunderte hindurch zu beobachten. Auch noch in den für die Diözese St. Pölten schwierigen Zeiten unter Bischof Krenn (1991–2004). Es ging diesen Klöstern immer um die Gottsuche. Wir besitzen die Wahrheit nicht, sind aber auf der Suche nach ihr.

Schlittpacher war es wichtig – das war auch ein Zeichen seiner Zeit (Humanismus und Renaissance) –, dass ein guter Regeltext erstellt werde (Textkritik der Regel), und er übersetzte ihn ins Deutsche, damit er auch von Laienbrüdern verstanden werden konnte.

Der ganze Mensch auf der Suche nach Gott

Wenn die Melker Reformer sich auch wirklich um echte Gottsuche bemühten, dürfte doch dabei ein wenig zu viel auf Äußerlichkeiten geachtet worden sein (Zeremonialvorschriften, Abhandlungen über das Fleischessen), denn nach den Predigten der evangelischen Bewegung war das Kloster bald fast leer. Im Zug der Gegenreformation erholte es sich jedoch sehr bald wieder und erhielt regen Zulauf aus süddeutschen Ländern. Als unter Caspar Hofmann (1587–1623) die Gegenreformation zum Tragen kam, zeigte sich eine für Melk typische Situation: Der Abt, der zunächst vergeblich im Kloster eine strengere Disziplin einzuführen versucht hatte, schickte einige junge Mitbrüder an verschiedene Universitäten zur Ausbildung. Auf der Grundlage einer soliden theologischen Bildung gelang der Aufstieg verhältnismäßig rasch. Es war den Mönchen bewusst geworden, dass reine Disziplin klösterliches Leben nicht garantieren kann, dass ein geistiger Unterbau nötig ist, um Disziplin lebbar zu machen.

Intelligente und gut ausgebildete Mitbrüder brachten das Kloster zu großer Blüte. Wie immer in solchen Zusammenhängen, kam es nebenbei auch zur wirtschaftlichen Sanierung des Klosters. Man kann von einer zweiten Melker Reform sprechen. Nicht nur die Einhaltung der Disziplin war wichtig, sondern auch andere Bereiche: Geistigkeit und Spiritualität. So konnte eine wirkliche Reform der Klöster beginnen. In diese Zeit fallen die ersten Anfänge einer Kongregationsbildung, die durch den engeren Zusammenschluss der Klöster deren Wirkkraft verstärken sollte.

In der zweiten Hälfte des 17. Jahrhunderts fand das Kloster zu einer ausgewogenen Lebensweise. Disziplin war der Hintergrund, vor dem sich lebendige Geistigkeit regte. Es ging nicht nur um Äußerlichkeiten, sondern um einen gelebten Glauben. Der barocke Klosterbau (1701–1736) Berthold Dietmayrs in Melk ist der sichtbare Ausdruck dessen, was sich in diesem Haus entwickelt hatte. Im Kloster selbst gab es fähige Mönche, die vor allem auf historischem Gebiet besondere Leistungen erbrachten: Männer wie Anselm Schramb, Martin Kropf, Hieronymus und vor allem sein Bruder Bernhard Pez schrieben große Werke und nahmen auch Verbindung mit der benediktinischen Geisteswelt Europas auf. Der heutige Bestand der Bibliothek lässt erkennen, welche Bedeutung der Ankauf wichtiger Werke

hatte und wie viele wesentliche Werke die Mönche selbst geschrieben hatten.

Vielleicht ist es auch der österreichischen Eigenart zu verdanken, dass es abschreckend wirkt, wenn der Schwerpunkt auf
Disziplin gesetzt wird. Da kam die Sehnsucht nach kreativer geistiger Auseinandersetzung wieder einmal zum Tragen – und doch
sah man auch in der Disziplin eine wichtige Hilfe für ein gesundes geistliches Leben: Es wurde wieder der ganze Mensch angesprochen.

Einseitige Suche nach Gott zur Zeit der Aufklärung

Menschen neigen immer wieder zu Einseitigkeiten. Oder sollte
man besser sagen: alles auf die Spitze zu treiben. War in Zeiten
der ersten Melker Reform bei aller Wichtigkeit intellektueller Bildung das Gewicht doch ziemlich einseitig auf Äußerlichkeiten
gelegt, verschob sich in der zweiten Hälfte des 18. Jahrhunderts
der Schwerpunkt immer mehr auf die Seite des Verstandes.

In dieser Zeit wurden für die Bibliothek hauptsächlich nur
jene Bücher angekauft, die für den Schulbetrieb nötig waren.

Im Melker Kloster bildeten sich zwei Richtungen aus: Die
eine legte Wert auf klösterliche Disziplin und kämpfte für diese
mit aller Leidenschaft. Die andere war offen für die geistigen Strö-
mungen dieser Zeit. Als es darum ging, im Kloster eine Stern-
warte zu errichten, wetterte einer der Mitbrüder gegen diesen
neuen Geist. Auf der anderen Seite sagte der Abt zum Prior, der
eine Bittprozession für Regen abhalten wollte, er solle das lieber
sein lassen, denn wenn der Regen dann nicht käme, würden die
Leute zu zweifeln beginnen.

Die Aufklärung kam – wie so vieles – etwas später nach
Österreich, weniger radikal, dafür aber nachhaltiger als in
Deutschland. Die rationalistischen Gedanken drangen allmählich
auch in die Klöster ein. Da zeigte sich wieder der typische Melker

Zug der Offenheit. Bald gab es im Kloster nach großen inneren Schwierigkeiten die gesamte Literatur des Rationalismus und der Aufklärung. Auch diese Leute suchten Gott, meinten ihn mit dem Verstand in den Griff zu bekommen, ohne zu bemerken, dass auch ihr Suchen ein einseitiges war. Trotzdem blieb als positive Folge aus dieser Zeit die Offenheit für Neues, die durch die Jahrhunderte bis in unsere Zeit wirksam ist.

Das ganze 19. Jahrhundert stand im Zeichen des Liberalismus. Nach dem Ersten Weltkrieg hatte das Kloster wirtschaftlich hart zu kämpfen. Damals unternahm die Leitung des Benediktinerordens viele Versuche, die als liberal angesehenen österreichischen Klöster zu reformieren. Sehr zum Unwillen der Betroffenen.

Ich habe bereits erwähnt, dass die aufklärerischen Gedanken etwas später und auch deutlich abgeschwächt nach Österreich kamen, sich dann aber umso hartnäckiger halten konnten. Der letzte josephinische Abt in Melk, Amand John, schloss 1942 seine Augen. Mein Novizenmeister erzählte mir von ihm: Als sich die ersten Reformversuche in Österreich bemerkbar machten, hatte ein damaliger Novizenmeister mit den Novizen und Klerikern begonnen, das Chorgebet wieder zu halten. Als die jungen Mitbrüder damit endlich einigermaßen zurechtgekommen waren, lud der Novizenmeister den Abt ein, er möge sich die Sache doch einmal ansehen. Der Abt erwiderte, er wolle diesem Unternehmen nicht durch seine Anwesenheit Autorität verleihen. Schließlich wüssten die Brüder alle nur zu genau, wie er zu dieser Reform stehe. Als dann aber die päpstlichen Visitationen kamen und die Wiedereinführung des Chorgebets verlangten, konnte der Abt erklären, dass dieses in seinem Kloster ohnehin schon lange gepflegt würde. Das hat ihn damals sicher vor einer Absetzung bewahrt, wie es sie in der damaligen Zeit in anderen Häusern durchaus gegeben hatte.

Es brauchte viel Zeit, bis das josephinische Gedankengut in den österreichischen Klöstern wieder weitgehend verschwunden war. Einmal mehr hat sich die Erfahrung bestätigt, die auch Benedikt hatte machen müssen: Man kann den anderen eben nicht sein Maß anlegen.

Neubesinnung in der Suche nach Gott

Allmählich kam auch in Österreichs Klöstern wieder ein neuer Geist zum Tragen: Man suchte Gott verstärkt in den Menschen. Man hatte zwar auch in der liberalen Zeit dem Glauben an Gott nie ganz abgeschworen. Man hatte alles bestens organisiert, aber dieses lebendige Suchen nach ihm war damals leider ein wenig in den Hintergrund gerückt worden.

In der Zwischenkriegszeit begann die Reform der Klöster zu greifen. Besonders nachhaltig wurde sie nach dem Zweiten Weltkrieg, als die Kräfte der Reform innerhalb der Kirche wieder stärker wurden. Auf diese Weise konnte der Josephinismus endgültig beseitigt werden. Was heute der Bibliothek zuwächst, sind in erster Linie theologische Bücher. Benediktinische Spiritualität wurde erneut lebendig und verband sich seitdem wieder mit der Offenheit und der Bereitschaft, ausdrücklich für jene Menschen da zu sein, die auf der Suche nach dem letzten Sinn in ihrem Leben sind. Eine Suche, die man auch kurz zusammengefasst als „Suche nach Gott" bezeichnen kann.

Seit 1945 griff auch die Säkularisierung immer mehr um sich. Was zur Folge hatte, dass die Klostereintritte stark zurückgingen. Auch Melk begann damals unter einem erheblichen Nachwuchsmangel zu leiden.

Da ist wieder der alte Auftrag Benedikts wegweisend, der uns vor Augen führt, was Gott wirklich gerade in solch schwierigen Zeiten von uns will. Es ist uns aufgetragen, ihn dort zu suchen, wo er zu finden ist.

Die Geschichte unserer Häuser in Österreich hat gezeigt, dass benediktinisches Gedankengut viel Lebendigkeit und

Sinnerfüllung schenken kann. Die Benediktiner führen ein gläubiges Leben, sie vergegenwärtigen sich Gott jeden Tag. Aber sie sind auch stets offen für Neues. Was ihnen bisweilen den Vorwurf einbrachte, sie wären „zu liberal". Aber gerade diese Mischung regt dazu an, im Sinne Benedikts über unser Leben nachzudenken. Nur kritische Geister können Gott näherkommen und dabei dennoch wissen, dass man Gott nie besitzen kann.

Das Mönchtum ist in erster Linie eine Bewegung und keine Institution

Wenn Menschen Entscheidungen treffen, neigen sie dazu, Gewohntes und bereits Erprobtes als Grundlage zu nehmen. Als ich vor vielen Jahren Novizenmeister wurde, übernahm ich von meinem Vorgänger einige junge Mitbrüder. Sie waren schon einige Jahre bei uns und mit dem Studium der Theologie beschäftigt. Für sie hatte es die Vorschrift gegeben, dass sie um Erlaubnis bitten mussten, wenn sie vormittags in die Stadt gehen wollten. Da dachte ich mir, man müsste sie zu mehr Selbstständigkeit erziehen und änderte die Sache. Sie sollten selbst entscheiden, ob der Gang in die Stadt notwendig ist oder nicht. Nach einiger Zeit kam am Vormittag einer dieser jungen Mitbrüder und fragte, ob er in die Stadt gehen dürfe. Ich antwortete: „Das weiß ich nicht." Er erwiderte: „Aber man muss doch fragen." Ich erinnerte ihn daran, dass ich diese Vorschrift geändert hatte. Dieser junge Mitbruder war ein Raucher. Also versuchte ich ihm mit einem Beispiel zu erklären, worum es hier wirklich geht. „Wenn du keine Zigaretten mehr hast und dir welche kaufen willst und deshalb in die Stadt gehen möchtest, dann musst du dir folgende Frage stellen: ‚Werde ich ohne Zigaretten unleidlich?' Dann musst du wohl gehen. Ist dem nicht so, dann genügt es auch, wenn du am Nachmittag gehst." Ich könne ihm das aber nicht sagen. Das müsse er selbst entscheiden. Er antwortete: „Früher war es einfacher." Ich wollte mit meiner Änderung der Vorschrift nicht die Institution in Frage stellen. Ich wollte Bewegung. – „Mach es anders!"

Natürlich ist es leichter, sich hinter Vorschriften und Institutionen zu verstecken. So kann man sich bequem der Mühe einer eigenen Entscheidung entziehen. Vorschriften und Institutionen können große Hilfen sein. Etwa, wenn wir müde und ausgelaugt sind oder bedrängt werden. Sie können aber auch der Tod für das Wesentliche sein. Und zwar dann, wenn sie für uns nur mehr Äußerlichkeiten sind. Dann verlieren sie mit der Zeit auch die Kraft, die uns eigentlich tragen sollte.

In diesem Sinn bin ich dankbar, dass ich in einem Kloster lebe, dessen Institution mich trägt und das mir doch die Freiheit lässt, bei aller Einordnung in das Ganze so zu sein, wie ich bin. In einem Kloster, das mich durch die Unterschiedlichkeit der einzelnen Mitbrüder ständig beweglich sein lässt, um auf das zu achten, was die Zeit, was die Kirche, was die Menschen von uns erwarten. Die Institution hat eine wichtige Aufgabe und doch ist es stets die Beweglichkeit, die mich dem Willen Gottes wirklich nahebringt.

Gemeinschaften schaffen ganz spezifische Ordnungen, Vorschriften und Gesetze, die ihr Zusammenleben regeln sollen. Jede Institution läuft aber auch Gefahr, starr zu werden, die Bewegung zu erschweren oder gar zum Stillstand zu bringen. Im vorigen Kapitel war die Rede davon, dass das Mönchtum nie geglaubt hat, im Besitz der Wahrheit zu sein, sondern dass es lebenslang auf der Suche nach Gott war und ist.

Das Problem bei den Institutionen besteht darin, dass Menschen oft nur den Buchstaben und nicht den Geist des Gesetzes sehen. Jesus erging es offenbar nicht anders, als er seinen Finger auf die starre Auslegung der jüdischen Gesetze gelegt hatte. Wenn man nur mehr den Wortlaut des Gesetzes sieht, läuft man Gefahr, dass man seinen eigentlichen Sinn aus den Augen verliert.

Ohne Institutionen können wir als Menschen gar nicht leben. Wir alle haben vom Aufstehen bis zum Schlafengehen unsere institutionalisierten Rituale. Wir haben erprobte Verhaltensweisen, die größere Anstrengungen ersparen. Wir haben Eigenarten, die ganz typisch für uns sind. Müssten wir jeden unserer Schritte täglich aufs Neue überlegen, wäre uns bald ein Platz im Narrenhaus sicher.

Solche Institutionen und Rituale können sich aber verselbst-
ständigen. Richtig gefährlich wird es, wenn wir hinter unseren
Institutionen nicht mehr stehen können. Der Schriftsteller Manès
Sperber meint sinngemäß: „Jede revolutionäre Idee verrät sich
selbst, wenn sie Institution wird." Man müsste diesen Satz wohl
noch etwas präzisieren, indem man sagt, wenn sie zur „bloßen
Institution" wird. Wenn dem so ist, dann verliert der Mensch,
dann verliert eine Idee das, was das „eigentliche Leben" ist. Sicher: Dann läuft alles geordnet ab. Aber das Leben wird immer
weniger das sein, was es eigentlich sein sollte. Diese Gefahr zeigt
sich überall, wo Institutionen entstehen: Sie zeigt sich im Christentum und noch mehr in der Kirche. Sie zeigt sich aber auch in
den staatlichen Gemeinschaften und Gesellschaftsformen sowie
im Miteinander von Individuen. Vor diesem Hintergrund klingt
es also durchaus plausibel, wenn jemand sagt, er könne nach Sta-
lin immer noch Kommunist sein, genauso wie man nach der
Inquisition immer noch Christ sein darf.

Das Mönchtum hat sich im Laufe seiner Geschichte immer
gegen eine Vereinnahmung durch die Kirche gewehrt. Die Klöster
Benedikts waren bei allen Wirren der Zeit Orte einer fortwähren-
den Suche nach einem sinnvollen Leben und nach einem Gott, der
vollkommen anders ist, als wir ihn uns denken und vorstellen. Im
Laufe der Zeit wurden andere Klöster gegründet. Deren Gründer
lebten durchaus nicht immer angepasst, vielmehr waren sie ziemlich provokant in ihrer Art, auf die Fragen der jeweiligen Zeit einzugehen: etwa Franziskus von Assisi, Dominikus oder Ignatius
von Loyola. Auch die Klostergründungen des 19. Jahrhunderts,
die Wege zur Verinnerlichung kirchlichen Lebens und zur prak-
tischen Nächstenliebe wiesen, waren richtungweisend.

In der Regel Benedikts heißt es: Wenn in einem Kloster ein
völlig unwürdiger Abt gewählt wurde und diese Umstände dem
Bischof der betreffenden Diözese zur Kenntnis kommen, so soll er
verhindern, dass ein solcher Abt eingesetzt werde. Es wird noch
mehr deutlich, wenn es heißt: Nicht nur der Bischof, sondern

auch die Nachbaräbte werden zur Verantwortung gemahnt, ja sogar die Christen der Nachbarschaft, also das einfache gläubige Volk, werden in die Pflicht genommen (vgl. RB 64, 3–5). Da zeigt sich ein sehr breit gefächertes Bild der Kirche, die bei aller Eigenständigkeit der Klöster doch als Institution wahrgenommen wird.

Auf der anderen Seite verwehrt sich Benedikt aber auch gegen unangemessene Einmischungen kirchlicher Stellen in das klösterliche Leben. Das wird deutlich im Kapitel über die Ernennung eines Priors. Benedikt schreibt, dass es bei der Einsetzung eines Priors zu schweren Streitigkeiten kommen könne, besonders wenn dieser von demselben Bischof beziehungsweise von demselben Abt eingesetzt worden sei wie auch der Abt (RB 65, 1–45). Wenn die Prioren sich einbildeten, zweite Äbte zu sein, könne das zu Ärger und Streit führen. Deshalb soll zur Wahrung des Friedens und der Liebe der Abt selbst alle Ämter in einem Kloster besetzen (RB 65, 11). Das führte in Benedikts Klöstern dazu, dass die Vertretung des Abtes intern besetzt wurde und nicht durch außerklösterliche Instanzen, wie Bischöfe oder Nachbaräbte, sondern dass ein vom Abt eingesetzter Prior verantwortlich sein soll, wenn der Abt abwesend ist (RB 65). Es handelt sich um eine innerklösterliche Angelegenheit, bei der die Institution der Kirche nicht zuständig ist.

Diese Bestimmungen der Regel Benedikts trugen maßgeblich dazu bei, dass manche Klöster allmählich die sogenannte Exemption erhalten haben. Das heißt, sie sind ausgenommen von der Jurisdiktion der Bischöfe und direkt dem Papst unterstellt. Melk erhielt diese Exemption schon sehr früh (1122). Ende des 19. Jahrhunderts haben sich die Klöster auf Wunsch des Papstes entsprechend der regionalen Zugehörigkeit oder aus Observanzgründen zu Kongregationen formiert. Sie bilden relativ lose Zusammenschlüsse, denen ein Präses vorsteht. Alle diese Kongregationen sind noch loser zur weltweiten Benediktinischen Konföderation zusammengeschlossen, an deren Spitze ein gewählter Abtprimas steht. Alle Klöster der Konföderation sind direkt dem

Papst unterstellt. Dadurch haben die einzelnen Klöster eine relativ große Freiheit und sind deshalb auch in ihrer Observanz (= Auslegung der Regel) sehr unterschiedlich. Diese Sonderstellung der Klöster hat sich im Laufe der Jahrhunderte eindeutig bewährt. Kommt es etwa zu diözesankirchlichen Schwierigkeiten, finden gläubige Menschen immer wieder Zuflucht bei den Klöstern. Einmal mehr zeigt sich, dass die Klöster schon immer ein weites Herz für die vielfältigsten Probleme hatten.

In der Melker Benediktuskapelle gibt es ein Bild von Peter Bischof (1990). Dieses Bild bringt auf den Punkt, worum es in einem Benediktinerkloster geht. Da steht der heilige Benedikt in der Mitte, wie er die Regel schreibt. Das ist die Institution, die alles zusammenhält. Um diesen heiligen Benedikt sind verschiedene Gestalten: Betende, Arbeitende, Lichtträger, laufende Menschen, aber auch Murrende, die die Faust ballen und solche, die sich abwenden. Mich bewegen die beiden Lichtträger: Sie halten Fackeln in den Händen, die aus Platzgründen ein Kreuz bilden. Der Maler hat mir erzählt, er habe vorher nie ein Kreuz malen können. Hier sei es ihm durch die Umstände eigentlich aufgezwungen worden. Es war für den Künstler ein sehr starkes Erlebnis. Für mich ist dieses Fackelkreuz ein grandioses Bild für menschliches Leben: Kreuz und Auferstehung. Zwischen diesen beiden Polen führen wir unser Leben, das sich ständig entfaltet, bewegt und immer wieder zu neuen Ufern führt. Sicher: Die Institution hat einen großen Stellenwert. Aber Leben ist nicht starr, sondern dynamisch.

Im Prolog der Regel ruft Benedikt seinen Jüngern zu: „Lauft, solange ihr das Licht des Lebens habt, damit die Schatten des Todes euch nicht überwältigen" (RB, Pr. 13).

Das Kloster als Ort der Begegnung

In der Antike war das Gastrecht allen Kulturvölkern heilig, und in ganz spezieller Weise auch den Römern. Benedikt hatte also dieses tiefe Gespür für Gastfreundschaft. Aus seiner christlichen Weltsicht kam noch ein besonderer Gesichtspunkt hinzu: „Alle Fremden, die kommen, sollen aufgenommen werden wie Christus, denn er wird sagen: ‚Ich war fremd und ihr habt mich aufgenommen'" (RB 53, 1). Weiter heißt es in der Regel: „Vor allem bei der Aufnahme von Armen und Fremden zeige man Eifer und Sorge, denn besonders in ihnen wird Christus aufgenommen. Das Auftreten der Reichen verschafft sich ja von selbst Beachtung" (RB 53, 15). In der Rede vom Weltgericht (Mt. 25, 31–46) identifiziert sich Christus mit den Menschen, die auf die Schattenseite des Lebens gefallen sind, mit den Hungrigen, Durstigen, Fremden, Obdachlosen, den Nackten und Kranken und den Gefangenen. In den Gästen wird also gleichsam Christus aufgenommen. Damit ist das heidnische Gastrecht christlich motiviert.

Benedikts Klöster standen von Anfang an offen für alle Menschen, besonders für Brüder im Glauben und für Pilger (RB 53, 2), aber auch für Arme und Fremde. Es kamen einfache Menschen und hochgestellte Persönlichkeiten in unterschiedlichsten Absichten. Eine Legende erzählt etwa vom Besuch des Gotenkönigs Totila in Montecassino (Dialoge, Kap. 14 u. 15): Er hatte von Benedikts Menschenkenntnis gehört und wollte sie erproben. Deshalb schickte er seinen Schwertträger Riggo in königlichen Gewändern zu Benedikt. Dieser erkannte sofort, was gespielt wurde, und sagte zu ihm: „Leg ab, was nicht das Deine ist!" Da kam Totila selbst und warf sich vor Benedikt zu Boden. Dieser richtete ihn auf und sprach mit ihm offen über alles Unrecht, das der König verübt hatte, und sagte ihm auch sein Ende voraus. Die Legende weiß zu berichten, dass Totila von da an nicht mehr so grausam gewesen wäre.

Als ich Abt geworden war, hatte ich plötzlich viel mehr als zuvor mit unterschiedlichen Menschen zu tun – mit Politikern, Künstlern, Managern und anderen mehr. Nach Benedikts Regel war mir immer klar, dass ich für alle in gleicher Weise da zu sein habe. Egal, welche politische Partei sie vertreten, welche Stellung sie in der Gesellschaft einnehmen oder welcher Religion sie angehören. Obwohl mir das Repräsentieren überhaupt nicht liegt, kam es dabei zu vielen bewegenden Begegnungen, in denen ich erleben durfte, was Menschsein heißt, was Offensein für Andersdenkende bedeutet.

Als ich etwa die Restaurierung unseres Stiftes anging, musste ich viele Verhandlungen führen. Alle, die darin involviert waren, kamen immer wieder gern zu uns. Es bildeten sich viele, sehr enge zwischenmenschliche Beziehungen heraus – und das bei allen Spannungen und unterschiedlichsten Ansichten, die in manchen Fällen gegeben waren. Ich durfte daraus erkennen, dass selbst Ungläubigen und Agnostikern unser Haus wichtig wurde, dass sie es schätzen lernten und dass sie gern wiederkamen. Bei aller Auseinandersetzung sachlicher Natur, bei aller Emotionalität mancher Meinungsunterschiede, wurde doch immer wieder das erfahrbar, was jedes Benediktinerkloster eigentlich vermitteln will: Pax, Friede.

In unserer Gemeinschaft wurden im Laufe der Jahrhunderte viele Menschen für längere oder kürzere Zeit aufgenommen. Ob Schülerinnen oder Schüler unseres Gymnasiums, ob Arbeiter oder Angestellte, Staatsoberhäupter oder Könige, ob sie aus Europa kamen, Übersee oder Asien. Etwa kroatische Kinder, die in der Jugoslawienkrise bei uns Unterkunft fanden, aber auch Kursteilnehmer aus unserer Heimat sowie Künstler, die in unserem Haus auftraten. Unser Kloster war stets offen und wir durften dabei immer erfahren, dass Menschen verschiedenster Herkunft und

Gläubigkeit sich bei uns wie zu Hause fühlten: Christen aller Schattierungen, Juden, Muslime, Agnostiker oder Materialisten. Kaum einer ging von hier fort, ohne von der Strahlkraft dieses Ortes berührt worden zu sein.

Persönlich habe ich es am stärksten bei den Veranstaltungen des Waldzell Meetings (2004–2008) erfahren, wo sich so lebendig zeigte, wie Offenheit zu Offenheit führt. Wo Menschen verschiedenster charakterlicher Eigenart, unterschiedlichster Weltsicht, gläubig oder ungläubig, versuchten, in ihrem Leben Sinn zu finden, und vor allem den Weg dorthin zu suchen. Bei aller immer wieder spürbaren unterschiedlichen Sicht auf unsere gemeinsame Welt und das, was man hinter dieser Welt sieht oder nicht sehen kann, wurde eine große spirituelle Sehnsucht erkennbar. Die Veranstalter bemühten sich, im ganzen Verlauf der Zusammenkunft alle Sinne des Menschen anzusprechen. Und das alles geschieht in unserem Haus in einer Atmosphäre, die durch Geschichte, Kunst und durch die hier lebenden Menschen gebildet wird. Es war jedes Mal neu eine ganz große Erfahrung, wie Christen, Juden, Buddhisten und auch Ungläubige auf menschlicher Ebene einander begegnen konnten und einander wirklich etwas zu sagen hatten. Große Wissenschaftler, Wirtschaftstheoretiker, Medienfachleute, Künstler und Theologen verschiedenster Glaubensrichtungen, Nobelpreisträger und junge Leute, die aus der Not der Zeit heraus mutige Wege gehen und so Menschen zu helfen vermögen, begegneten einander und tauschten ihre Gedanken aus, hörten aufeinander und redeten miteinander.

Meinen heute besonders lieb gewordenen Freund Paulo Coelho inspirierte diese Atmosphäre zu einer Parabel, die er 2007 in der Weihnachtszeit in verschiedenen Zeitschriften veröffentlichte. Diese Parabel möchte ich Ihnen natürlich nicht vorenthalten. Zumal sie gut den Geist auszudrücken vermag, der bei unseren gemeinsamen Stunden in Melk durch das Kloster weht.

Der Gaukler Unserer Lieben Frau

Eine Legende aus Österreich berichtet von einer Familie Burk-
hard, bestehend aus einem Ehepaar mit einem Kind, die auf den
Weihnachtsmärkten Gedichte rezitierten, Balladen sangen und
die Menge mit ihren Jonglierkünsten unterhielten. Wie man sich
vorstellen kann, war nie Geld für Weihnachtsgeschenke übrig.

„Der heilige Nikolaus bringt nicht nur Geschenke, die man sehen
kann", erklärte der Vater seinem Sohn, „sondern auch soge-
nannte unsichtbare Geschenke. In ein Heim, in dem Zwietracht
herrscht, versucht er, in der heiligsten Nacht der Christenheit
Harmonie und Frieden zu bringen. Wo Liebe fehlt, pflanzt er ein
Samenkorn Glauben ins Herz der Kinder. Denen, für die die Zu-
kunft schwarz und ungewiss aussieht, bringt er Hoffnung. Wir
jedenfalls sind gesegnet mit unsichtbaren Geschenken, weil wir
leben und unsere Arbeit tun dürfen, die darin besteht, den Men-
schen eine Freude zu machen. Vergiss das nie!"

Die Zeit verging, aus dem kleinen Jungen wurde ein junger
Mann, und eines Tages kam die Familie am eindrucksvollen Stift
Melk vorbei.

„Erinnerst du dich noch daran, wie du mir vor vielen Jahren
die Geschichte von den unsichtbaren Geschenken erzählt hast,
Vater? Ich glaube, ich habe auch einmal eines dieser Geschenke
erhalten: die Berufung, Priester zu werden. Hättest du etwas da-
gegen, wenn ich den ersten Schritt tue, um meinen Traum zu
verwirklichen?" Obwohl sie ihren Sohn brauchten, respektierten
die Eltern seinen Wunsch. Sie klopften an das Tor des Klosters
und wurden großzügig und liebevoll von den Mönchen beher-
bergt, die den jungen Burkhard als Novizen in ihren Reihen auf-
nahmen.

Es kam der Abend vor Weihnachten. Und ausgerechnet an
diesem Tag geschah in Melk ein Wunder: Unsere Liebe Frau stieg
mit dem Jesuskind im Arm herunter zur Erde, um das Kloster zu
besuchen.

Die Mönche waren glücklich über diesen Besuch und stellten sich in einer langen Reihe auf. Einer nach dem anderen kniete vor der Jungfrau nieder und ehrte sie auf seine Weise. Einer wies auf die schönen Bilder, die die Kirche schmückten, ein anderer brachte ein Exemplar der Bibel, die in jahrelanger Arbeit mit der Hand geschrieben und mit Buchmalereien reich geschmückt worden war, ein dritter sagte die Namen aller Heiligen auf.

Als Letzter in der Reihe wartete aufgeregt der junge Burkhard. Seine Eltern waren einfache Gaukler und hatten ihm nur beigebracht, mit Bällen zu jonglieren. Als er an der Reihe war, wollten die Mönche die Ehrungen abschließen, weil sie glaubten, der junge Novize könnte nichts Wichtiges beitragen und womöglich dem Ansehen des Klosters schaden. Doch auch er wollte der Jungfrau und dem Jesuskind unbedingt etwas schenken.

Er schämte sich zwar, zog aber unter den missbilligenden Blicken seiner Brüder ein paar Orangen aus der Tasche und begann sie hochzuwerfen und mit ihnen zu jonglieren. Er schuf mit ihnen einen wunderschönen Kreis in der Luft, so wie er es immer gemacht hatte, als er mit seinen Eltern noch von Jahrmarkt zu Jahrmarkt gezogen war.

Erst da begann das Jesuskind auf dem Schoß der Gottesmutter vor Freude in die Hände zu klatschen. Und die heilige Jungfrau streckte die Arme nach ihm aus und ließ ihn das Kind, das in einem fort lächelte, eine Weile halten.

Am Ende der Legende heißt es, dass wegen dieses Wunders alle zweihundert Jahre wieder ein Burkhard an das Tor der Abtei Melk klopft und dort aufgenommen wird, und dass, solange er dort ist, die „unsichtbaren Geschenke" die Herzen derer verwandeln können, die ihn kennen.

Das ist eine schöne Geschichte. Und wer mich kennt, der weiß mittlerweile, dass ich auf solche Geschichten besonders gerne antworte. Also habe ich für Paulo Coelho ein Märchen geschrieben. Zum Verständnis sei vorausgeschickt: Die Legenden um den heiligen Benedikt erzählen von einem Raben, der Benedikts treuer Begleiter gewesen ist und ihm einmal sogar das Brot, mit dem er vergiftet werden sollte, fortgetragen hat. Oft hatte der Rabe manche Aufträge für Benedikt zu erfüllen. Um die Türme des Stiftes Melk kreisen Krähen und Dohlen, die in meiner Fantasie Raben sind. In meinen Märchen gibt es unter ihnen nun einen, der sich einbildet, in seiner Ahnengalerie sei der Rabe Benedikts zu finden. Dieser Rabe ist sehr weise und weiß viel über Benedikt. Der zweite Rabe (= der alte Rabe) bin ich selbst, die beiden reden bisweilen miteinander, so auch im folgenden Märchen.

Der alte Rabe war auf seinen Lieblingsbaum geflogen, dort saß er und sinnierte vor sich hin. Er verstand Gott und die Welt nicht mehr.

Da hatte man ihm eine Geschichte gezeigt, die ein ganz berühmter Vogel verfasst hatte und die offensichtlich irgendwie mit ihm zu tun hatte. Er hatte diesen Vogel vor einigen Jahren zum ersten Mal getroffen, als sehr gescheite und wundersame Tiere aus aller Welt unter den Türmen seines Hauses zusammengekommen waren. Inzwischen hatte er diesen Vogel, der sich Paulo nannte, ein wenig näher kennengelernt. Vorher schon hatte der alte Rabe einige Geschichten Paulos gelesen: spannend, verwirrend, aber hinter all den Geschichten hatte er etwas gespürt, das ihm sehr zugesagt hatte. Dieser Paulo war auf der Suche, auf der Suche nach einem rechten Weg, nach einem Sinn in seinem Leben. Paulo war ein Vogel, der alles ausprobieren musste und so die verschiedensten Wege ging. Als der alte Rabe ihn das erste Mal sah und mit ihm dann noch einige Begegnungen hatte – das alles, obwohl er die Sprache Paulos nicht verstand und auf Übersetzungen angewiesen war –, spürte er sehr deutlich, dass Paulo in der Tiefe seines Herzens – bei allem, was nach außen hin ungereimt, manchmal nur schwer verständlich war – ein Bild von dem hatte, was den Sinn seines Lebens, allen menschlichen Lebens ausmachte. In seinen Geschichten klingen unterschiedlichste Wege an: Irrwege, Umwege, gerade und gute Wege, verschlungene Wege. Aber in allen Wegen lässt sich eine klare Richtung spüren, hin zu dem, der uns in seinen Händen hält, den man nicht beschreiben kann, der sich dem menschlichen Auge entzieht und diesen Menschen dennoch trägt, der diesen Menschen liebt und ihn glücklich machen will.

Paulo und der alte Rabe spürten in einer Nacht, deren es leider so wenige gibt, in einem alten Keller zusammen mit einigen ganz wenigen lieben Wesen, mehr mit dem Herzen als mit Worten, was wirklich wichtig war. Sie hatten damals einige Gedanken ausgetauscht, waren einander sehr nahe gekommen.

Paulo und der alte Rabe lebten ihr Leben weiter. Paulo schrieb seine Geschichten, veröffentlichte Bücher, wurde in aller Welt gelesen, sein Ruhm wuchs von Jahr zu Jahr. Der alte Rabe versuchte da zu sein für Vögel, die Rat und Wege suchten, Trost brauchten, Hilfe nötig hatten. Oft konnte er direkt gar nicht helfen, aber er hörte ihnen zu, krächzte verständnisvoll, litt und freute sich mit. Schon längere Zeit hatte er von Paulo persönlich nichts mehr gehört. Dieser war im letzten Jahr nicht zur Versammlung der verschiedenen Tiere aus aller Welt gekommen. Angeblich hing es mit einem neuen Buch zusammen, das Paulo geschrieben hatte. Und eines Tages, vor Weihnachten, da hat man dem alten Raben die Geschichte von der Gauklerfamilie gezeigt, die in einer Vogelzeitung erschienen war und die mit ihm zusammenzuhängen schien. Es handelt sich um eine Legende, in der es um eine Vogelfamilie ging, die den Namen des alten Raben trug. Ein Sohn dieser Familie, die übrigens gelernte Gaukler waren, sei zur Rabenfamilie in Melk gekommen und habe sich den Raben dort angeschlossen.

Der Gaukler hatte seinem jungen Rabensohn eine ganz große Weisheit mitgegeben. Es komme nicht darauf an, dass wir viel besitzen, Geld haben, sondern dass wir leben, eine sinnvolle Arbeit haben und einander Freude machen. Das sind keine großen Reichtümer im materiellen Sinn, vielmehr unsichtbare Geschen-

ke, die das Leben erst schön, gut und sinnvoll werden lassen. Diese Weisheit hatte in dem jungen Rabensohn den Gedanken reifen lassen, sich ganz diesen unsichtbaren Geschenken zu widmen: da zu sein für Menschen, die Hilfe, Trost und Mutmachen nötig haben.

Die Geschichte des Paulo weiß nun zu berichten, dass der junge Gaukler, als er Rabenbruder geworden war, eine ganz liebe Erfahrung machen durfte. Am Abend vor Weihnachten sei Maria mit dem Jesuskind in die Gemeinschaft gekommen, alle Raben hätten ihnen ihre Aufwartung gemacht. Den jungen Rabenbruder wollte man zunächst gar nicht zu den besonderen Gästen lassen. Doch der zog ein paar Orangen hervor und jonglierte, wie er es gelernt hatte, mit ihnen vor dem Kind und seiner Mutter. Da habe das Jesuskind voller Freude in die Hände geklatscht, und der Rabenbruder durfte das Kind in seine Flügel nehmen.

Und dann erzählte Paulo, dass wegen dieses Wunders alle zweihundert Jahre wieder ein Rabe dieses Namens in die Rabengemeinschaft kommen werde, und solange er da sei, würden die unsichtbaren Geschenke die Herzen derer verwandeln, die ihm begegnen.

Aus einigen Gründen musste der alte Rabe sich denken, dass er der Anlass dafür war, dass Paulo diese Geschichte geschrieben habe. Und er fragte sich, warum das wohl so sei.

Als er so vor sich hin dachte, hörte er ein bekanntes Krächzen und am Nachbarast war ein Rabe zugeflogen. Unser alter Rabe kannte ihn: Dieser Vogel war überzeugt, dass in seiner Ahnenreihe jener Rabe gewesen sei, der den heiligen Benedikt begleitet hatte und ihm zu Diensten gewesen war. Deswegen hieß er beim Melker Raben auch der Benediktusrabe. Dieser war ein sehr weiser Rabe, wusste sehr viel vom heiligen Benedikt und hatte ihm schon oft bei seinen Problemen weitergeholfen.

Der Benediktusrabe fragte den alten Raben, warum er so finster aus seinen sonst doch immer so hellen Äuglein schaue. Es war dem alten Raben peinlich, weil er doch ein wenig stolz darauf war, dass der berühmte Vogel Paulo offensichtlich in Gedanken an ihn diese liebe Geschichte geschrieben hatte. Nach einigem Zögern begann er zu erzählen, hatte der Benediktusrabe ihm doch schon öfter die Augen für manche Dinge geöffnet, die er nicht verstand, hatte manches klarer sehen lassen.

Der Benediktusrabe hörte aufmerksam zu und war auch überzeugt, dass Paulo mit der Geschichte den alten Melker Raben meinte. Dieser begann dann von den unsichtbaren Geschenken zu reden und dass er immer wieder bei seinen Versuchen, solche Geschenke zu machen, sehr enttäuscht worden sei. Abgesehen davon, dass er gar nicht an Geschenke gedacht hatte, wenn er zum Beispiel in der Vogelschule zu schwierigen Vögeln gütig, wahrscheinlich oft allzu gütig, gewesen war, habe er doch gar nicht anders gekonnt. Er musste gütig sein, weil hinter der oft so rauen Schale junger Vögel so viel Gutes da war und weil manche von ihnen nur deshalb so ungut waren, weil sie so wenig Liebe erlebt hatten. Abgesehen davon also, war er dann doch oft enttäuscht, wenn seine Güte ausgenützt wurde, weil selbst diese Vögel bei sturen Lehrern lernten und bei ihm sich auf die Güte verließen. Da konnte man nichts davon sehen, dass er die Herzen dieser jungen Vögel hätte verwandeln können.

Der Benediktusrabe begann vom heiligen Benedikt zu reden, der auch so seine Erfahrungen machen musste. Den wollten sie sogar einmal umbringen. Freilich war er damals vermutlich zu streng und musste Lehrgeld zahlen. Auch habe er sonst noch manches in seinem Leben lernen müssen. Noch knapp vor ihrem Tod war seine Schwester Scholastika bei ihm und wollte, dass er länger bei ihr bleibe. Benedikt meinte, dass er das vor seinen Brüdern nicht verantworten könne. Da betete seine Schwester, und der Vater der Menschen und Tiere ließ ein Gewitter kommen, sodass Benedikt nicht aus dem Haus gehen konnte. Er musste lernen, dass die noch so wichtige Ordnung unwichtig wird, wenn Liebe gefragt ist. Und der Benediktusrabe machte ihn aufmerksam auf das, was dieser Benedikt alles gelernt habe, wie aus sei-

209

ner Regel zu erkennen sei: Barmherzigkeit sei wichtiger als strenges Gericht, wenn ein Bruder Böses tue, solle der Abt das Böse hassen, den Bruder aber lieben. Wenn es etwas zu tadeln gebe, solle er darauf achten, dass er nie zu weit gehe, weil er sonst Menschen brechen könnte. Alles sollte er so anordnen, dass die Starken angezogen und die Schwachen nicht abgestoßen werden.

„Wenn du jetzt an deine Güte denkst", sagte der Benediktusrabe zum alten Melker Raben, „kommt nicht manches davon, dass du die Regel sehr gut kennst und dir davon eben einiges in Fleisch und Blut übergegangen ist? Die Güte ist sicher gut. Wenn du aber darauf wartest, dass du den Erfolg deiner Güte handgreiflich spürst, wirst du oft umsonst warten, weil Güte manchmal wirklich lange Zeit hindurch ins Leere zu gehen scheint, oft erst viel später Früchte trägt und ganz andere, als man erwartet hat. Wenn diese Enttäuschung dein Herz verdunkelt, wirst du in deinem Tun langsamer werden oder gar stehen bleiben. Dann beginnst du zu hadern, zu murren und wirst zutiefst unfroh."

„Ja, du hast völlig recht", sagte der alte Rabe, „das ist mein Pessimismus. Ich fürchte immer alles und jedes, und dann bin ich oft wirklich unfroh."

Der Benediktusrabe antwortete: „Ja, wenn man nicht stehen bleibe, sondern weiterschreite im Leben und im Glauben, so sagt der heilige Benedikt, dann werde das Herz weit und man laufe den Weg der Gebote in Liebe. Du darfst nur nicht stehen bleiben, sondern musst immer wieder weiterschreiten, ob du enttäuscht wirst oder nicht, ob es gesehen wird, was du schenken willst, oder nicht, ob du schnell vorankommst oder langsamer, weil du älter wirst und deine Kräfte schwächer werden."

„Ja", sagte der alte Rabe, „du hast recht, irgendwann wurde mir bewusst, wenn ich wirklich an den Vater der Menschen und Tiere glaube, dann kann vielleicht manches schiefgehen, aber letztlich wird es nicht misslingen. Ich sage mir deshalb immer wieder: ‚Wenn ich untergehe, gehe ich mit fliegenden Flügeln unter.'"

„Darin liegt", so sagte der Benediktusrabe, „das eigentliche unsichtbare Geschenk, das wirklich verwandeln kann. Dieses Geschenk aber geben nicht wir, sondern ER, der Vater der Menschen und Tiere."

Die Augen des alten Raben waren ein wenig heller geworden. Er konnte in der Gaukler-Geschichte des berühmten Vogels plötzlich auch ein unsichtbares Geschenk sehen, das dieser ihm geschickt hatte. Und er nahm sich vor, dem Paulo zurückzuschreiben und ihm zu sagen, dass bei allem Auf und Ab seines Lebens, das in seinen Geschichten anklingt, so deutlich dieser Zug zu erkennen sei, der zu dem führt, der uns alle in seinen Händen hält.

Die ganze Zeit über hatte er nachgedacht, welcher Vogel Paulo in seinem Märchen wohl sein sollte. Es wurde dem alten Raben immer klarer, dass Paulo auch ein Rabe sein müsse. Zu viele verwandte Züge konnte er erkennen.

Jetzt weiß er sicher: Paulo ist ein weißer Rabe, also ein ganz besonderer. Der alte Rabe hofft, dass dieses Märchen für den weißen Raben auch so etwas wie ein unsichtbares Geschenk ist und dass er auf seinen Flügen durch alle Welt auch wieder einmal die Türme des Melker Stiftes anfliege, dass sie einander begegnen, sich austauschen und verstehen könnten, auch ohne Worte: Der weiße Rabe, der in alle Welt fliegt, und der alte Rabe, der im Melker Kloster lebt.

Träume: Illusionen oder Visionen?

Eine Legende um den heiligen Benedikt erzählt von einer Klostergründung in Terracina (Dialoge II, 22, 1–3): Benedikt sandte eine Gründungsgruppe aus, einen Abt, einen Stellvertreter für ihn und einige Mönche. Sie sollten alles vorbereiten. An einem bestimmten Tag werde er kommen und alles anordnen, was zur Errichtung des Klosters nötig sei. Der Abt und sein Stellvertreter erfüllten den Auftrag. In der Nacht vor dem festgesetzten Termin, an dem Benedikt kommen wollte, hatten die beiden denselben Traum: Benedikt wäre gekommen und hätte ihnen alles gezeigt, wie sie es angehen sollten. Die beiden erzählten einander am Morgen den Traum und warteten auf das Kommen Benedikts. Als Benedikt nicht kam, eilten sie zu ihm und machten ihm deshalb Vorhaltungen. Doch dieser sagte zu ihnen: „Was wollt ihr, ich habe euch doch im Traum alles gesagt, was zu geschehen hat. Geht und baut das Kloster!"

Der tiefste Sinn dieser Legende liegt doch sicher darin, dass die Mönche verwirklichen sollten, was sie selbst als richtig vor Augen hatten, dass sie das Kloster so errichten sollten, wie es ihnen vorschwebte, wie sie es in ihren Vorstellungen, in ihren Träumen sahen. Da gab es bestimmte örtliche und personelle Gegebenheiten. Diese waren die zur Verfügung stehende Wirklichkeit. Was an diesem Ort und mit den betreffenden Menschen möglich ist, das mussten sie selbst überlegen, in ihrer Fantasie ausmalen, träumen und dann verwirklichen. In solchen Situationen kommt es also darauf an, dass man Träume hat, die viele Möglichkeiten Wirklichkeit werden lassen können.

Wovon Menschen träumen

Irgendwie träumen wir alle von einem Paradies, wo alles stimmt, wo immer die Sonne scheint, wo alles schön und gut ist.

Wir alle träumen – und nicht zuletzt das ist ein Beweis dafür, dass jedes Individuum göttlichen Ursprungs ist – unterschiedlich. Ein Optimist etwa sieht auch dort noch etwas vom Paradies, wo davon wirklich nichts mehr zu sehen ist. Ein Pessimist wiederum kann auch dort keinen Schimmer vom Paradies sehen, wo vieles im Leben durchaus noch sehr schön ist. Trotzdem träumen wir alle. Ob wir jammern oder halbwegs zufrieden durch die Welt gehen, ist dabei nebensächlich. Weil uns alle miteinander verbindet, dass wir vom Paradies träumen, wo immer alles schön und gut ist. Zugegeben: Die meisten unserer Träume können in ihrer Fülle nie Wirklichkeit werden. Manchmal wäre es wohl auch gar nicht so erstrebenswert, wenn alle unsere Träume in Erfüllung gingen. Ein ständiges Leben in Prunk an der Côte d'Azur etwa würde uns letztlich doch nur das Gefühl geben, das wir Watte im Hirn hätten. Eine Tatsache ist aber auch, dass wir oft sehr desillusioniert werden, wenn die Realität zuschlägt. Wenn vieles ganz anders wird, als wir es erträumt haben. Wenn viele Träume nicht einmal annähernd Wirklichkeit werden.

Da wünschen wir uns dann, endlich aufhören zu können mit der Träumerei. Denn Träume, so sagt man, sind „zu schlechter Letzt" auch nur Schäume und Illusionen, die uns etwas vorgaukeln, was nie in Erfüllung gehen kann. Man möchte also deshalb auf seine Träume verzichten, um sich dadurch Enttäuschungen zu ersparen. Und doch sind alle großen Dinge dieser Welt nur deshalb so geworden, weil es Menschen gab, die davon träumten, dass dieses oder jenes eines Tages Wirklichkeit werden könnte. Unsere Träume sind also wichtig. Denn sonst bewegt sich nichts. Sie gehören zu uns, damit sie unserem Leben einen neuen Schwung und Farbe geben. Wenn auch die Wirklichkeit unsere Träume immer wieder zerstört, sie wie Seifenblasen zerplatzen lässt, ist es wichtig, dass wir träumen. Weil nur durch diese Träume scheinbar Unmögliches Wirklichkeit werden kann. Wenn man nur in der nüchternen Realität lebt, dann stumpft man irgendwann ab, wird vollkommen antriebslos und freudlos. Dann tut sich nichts mehr, was das Leben für die Menschen lebenswert machen kann.

Die Struktur unserer Träume

Wenn wir träumen, dann träumen wir von der Erfüllung unserer Wünsche, Hoffnungen und von unseren persönlichen Vorstellungen vom Leben. Wie oft träumen wir etwa davon, dass unsere Mitmenschen anders wären, als sie sind. Dabei kommen wir gar nicht auf die Idee, dass auch wir uns ändern könnten. Wäre es gut, wenn wir alle so haben wollten, wie wir sie uns vorstellen? Lässt uns nicht gerade diese Unterschiedlichkeit unserer Mitmenschen eigene Möglichkeiten verwirklichen, die wir uns nicht einmal in unseren Träumen ausgemalt hätten?

Wenn unsere Träume nicht in Erfüllung gehen, beschleicht uns oft das Gefühl, der liebe Gott ließe uns hängen. Und dann ist er eben nicht mehr der liebe Gott für uns. Wenn wir etwas falsch machen, bekommen wir dadurch mit der Zeit Komplexe – oder werden gar depressiv und sagen uns: „Träume sind nur da, damit wir enttäuscht werden."

Eine Lösung verheißt uns die Bergpredigt (Mt. 5, 3–10). Da spricht Jesus von Menschen, die scheinbar auf die Schattenseite des Lebens gefallen sind. Realisten würden sagen, dass sie sich durch Träume von einer besseren Welt nur täuschen ließen. Jesus aber preist die selig, die arm vor Gott sind oder traurig, die keine Gewalt anwenden, die Hunger und Durst nach der Gerechtigkeit haben, die barmherzig sind, ein reines Herz haben, die Frieden stiften und um der Gerechtigkeit willen verfolgt werden. Das sind Menschen, die von einer besseren Welt träumen und erleben müssen, dass ihr Tun nichts gebracht hat. Aber gerade diesen Benach-teiligten verheißt Jesus das Himmelreich. In den Augen der Juden waren solche Menschen offensichtlich von Gott geschlagen. In dieser Denkart ging es ihnen nur deshalb schlecht, weil sie offen-bar Sünder gewesen waren. Wären sie keine Sünder, dann ginge es ihnen nicht schlecht, lautete da der Umkehrschluss. Jesus sagt dagegen vollkommen unmissverständlich, dass dem nicht so ist: Alle, die sich für das Gute einsetzen, dabei aber auch oft verza-gen, die sich ausgenützt fühlen, die sich sagen könnten, es hätte sowieso keinen Sinn, von einer besseren Welt zu träumen – die sollen wissen, dass ihr Leben und Tun einen Sinn ergeben. Lasst euch euren Schwung nicht nehmen! Die Worte Jesu sind keine Vertröstung auf ein besseres Jenseits, sondern eine Ermutigung für das Leben in dieser Welt. Lasst euch durch das Auftreten der Miesmacher nicht irritieren! Im Gegenteil: Hört nicht auf, von einer besseren Welt zu träumen und für sie zu kämpfen!

Unterwegs zu einem großen Ziel

In unseren Träumen haben wir stets ein Ziel vor Augen. Es gibt viele kleine, größere und große Ziele, die wir anstreben. Für den gläubigen Menschen stehen alle diese relativen Ziele hinter dem absoluten Ziel menschlichen Lebens: hinter Gott.

In unserem Alltag erreichen wir unsere Ziele oft nicht, weil wir Fehler machen. Weil wir entweder selbst versagen oder an-dere uns einen Strich durch die Rechnung machen. Oder wir erreichen unsere Ziele deshalb nicht, weil wir mutlos sind und nur darum aufgeben, weil wir fürchten, dass unsere Träume nicht Wirklichkeit werden können. Gerade da liegt das große Problem unserer Träumerei: Dass wir uns durch alle Hindernisse den Mut nehmen lassen. Dabei sollten wir weiterträumen – weil wir wissen müssten, dass Träume Wirklichkeit werden können. Was glauben Sie, wie viele Menschen Martin Luther Kings berühmten

Satz „I have a dream" als Hirngespinst abgetan haben. Heute ist ein Afroamerikaner Präsident der Vereinigten Staaten von Amerika. Das hätte wohl nicht einmal Martin Luther King zu träumen gewagt.

Wir erkennen an diesem Beispiel: Träume sollten niemals achtlos in die Kategorie „blühende Fantasie" eingereiht werden. Denn damit werden Träume zu Illusionen gemacht, also zu Einbildungen, die nie Wirklichkeit werden können. Vielmehr geht es um die Idee, ein Abbild der Wirklichkeit, das wir sehen, aber noch nicht in die Tat umsetzen können (wie Platon es in seinem Höhlengleichnis zeigt). Dabei schenken uns unsere Träume stets eine Idee. Derartige Visionen sind richtungweisend. Wir müssen sie nur ernst nehmen und beharrlich verfolgen.

In meinem Leben haben Träume stets eine große Rolle gespielt. Zugegeben: Viele meiner Träume gingen nicht in Erfüllung. Aber ich träumte dennoch ständig weiter. Als Bub bin ich in den Donauauen herumgestreift auf der Suche nach Abenteuern. Dann waren es wieder die Dächer und Türme des Stiftes. Hier kletterte ich als Bub herum, obwohl es streng verboten war. Aber ich tat das, wovon ich geträumt hatte. Noch heute – in meinem hohen Alter – ist diese Abenteuerlust lebendig. Wenn ich in den Urlaub fahre, im Auto sitze und mich einfach anlocken lasse von diesen Dingen, die ich zufällig am Wegesrand finde, oder auch ganz bewusst etwas nach einem Bild des Reiseführers suche. Oder wenn ich mit Freunden Länder aufsuche, die mich schon immer fasziniert haben, wie Peru oder Indien. Wenn ich nach solchen Fahrten wieder nach Hause komme, kann ich meinen Alltag wieder viel leichter bewältigen. Diese Abenteuerlust ist bei mir auch noch wach, wenn ich Menschen begegne, die ich dann ein Stück ihres Lebens begleiten darf. Wenn ich ihnen erneut Freude und Kraft für ihr Leben geben kann. Das begann schon in der Zeit in Wien, wo ich mit jungen Menschen studierte, einfach ihr Leben mit all ihren Sorgen und Freuden teilen durfte. Als ich in unser Stift zurückkehrte, ging das munter weiter. Als Erzieher junger Menschen durfte ich sie in ihrem Heranwachsen und Reifen begleiten: Auch da wurde für mich ein Traum Wirklichkeit. An diese Zeit als Erzieher in unserem Konvikt denke ich besonders gerne zurück: Vormittags schrieb ich an meiner Dissertation – und dann konnte ich den uns anvertrauten Jugendlichen jene Hilfe geben, die sie benötigten, um ihre eigenen Träume zu träumen und zu verwirklichen.

Eine ganz liebe Erinnerung habe ich etwa an einen Vorarlberger, der zu Hause die 6. Klasse des Gymnasiums besucht hatte. Was soll ich sagen: Da er mehr lebte als lernte, schloss er die 6. Klasse gleich mit sechs „Nicht genügend" ab. Dem Vater war also klar, dass der junge Mann so schnell wie möglich ins Internat musste. Der sträubte sich natürlich. Aber es nützte nichts. Er musste von einem Tag auf den anderen weit weg von zu Hause im Internat leben. Er kam zu uns nach Melk. Dann saß er jeden Tag am Abend bei mir und erklärte mir: „Pater Burkhard, ich halte das nicht aus, ich halte das nicht aus!" Er hielt es dann doch aus und hat bei uns maturiert. Eines Abends, die Buben waren schon längst im Bett, machte ich noch die Runde, und siehe da: In einem WC stand mein Freund am vergitterten Fenster – was auf den ersten Blick zugegebenermaßen kein wirklich schönes Bild ist. Aber draußen im Donautal war die Mondnacht wunderschön anzusehen. Da stand er also – und rauchte. An sich durfte er in der 6. Klasse natürlich noch nicht rauchen, in der Nacht schon gar nicht. Ich bereitete mich innerlich gerade darauf vor, ein gewaltiges Donnerwetter loszulassen, da schaute er mich ganz verträumt an und sagte: „Pater Burkhard, da draußen mit einer Traumfrau einfach nur spazieren zu gehen, das wäre ein Wahnsinn!" Ich fühlte mich entwaffnet und wusste auch nicht, wie ich reagieren sollte. Seine Traumfrau aber, die er bald nach der Matura kennenlernen sollte, die führte er mir dann tatsächlich vor. Das hat mich sehr gefreut.

Als Lehrer habe ich immer wieder von den „ersten Lieben" meiner Schüler erfahren. Leider auch allzu oft von deren Scheitern. Auch von „neuen Begegnungen" oder davon, wenn es galt, „etwas durchzustehen". Etwa, wenn ein Kind „passiert" war. Da wurde ich sogar einmal gebeten, am Telefon „Bereitschaft" zu halten, während eine Schülerin die Sache den Eltern beizubringen hatte. Ich habe solches für meine Schüler stets gern getan.

Aber auch das war für mich schon früher ein Traum gewesen: Für Menschen da zu sein, wenn sie Verständnis brauchten oder Hilfe und Ideen, wie dieses und jenes Problem bewältigt werden könne. Oft konnte ich dabei leider auch nicht helfen, aber schon das Zuhören war für diese Menschen eine große Unterstützung. Und manchmal, ja manchmal konnten Träume dann auch Wirklichkeit werden. Von meinem Traum, junge Menschen durch Güte zum Arbeiten zu bringen, war schon die Rede. Aber gerade in dieser Hinsicht wurde mein Verhältnis zum Träumen auch immer wieder auf eine harte Probe gestellt.

Wenn Träume Visionen werden

Wenn ich mir unsere Welt heute so ansehe, dann gibt es viele Dinge, die mir Angst und Sorgen bereiten: Etwa die großen Kriegsgefahren in aller Welt, in Palästina, Irak, Iran, Afghanistan … überall dort gibt es Kriegsgefahr und Terrordrohungen. Dagegen ist die Wirtschafts- und Finanzkrise unserer Tage eine scheinbar lächerliche Nebenerscheinung.

Und erst unsere Kirche! Österreich war ein katholisches Land – zumindest statistisch gesehen, rein äußerlich betrachtet. In Wahrheit waren viele Österreicher bisweilen oft nur ein wenig und so nebenbei katholisch. Heute ist unsere Kirche ständig mit Austrittswellen konfrontiert. Die Kirchenentfremdung nimmt täglich weiter zu. Die Gläubigen suchen die Erklärungen für dieses Problem: Manche geben dem Konzil die Schuld an dem Glaubensschwund. Sie versuchen nur fundamentalistisch zu halten, was mit dem gesunden Menschenverstand nicht mehr zu halten ist. Und dann sind da noch jene, die der Meinung sind, die Kirche werde immer enger, entferne sich pharisäisch immer mehr vom christlichen Auftrag.

Das Konzil hat die Problematik unseres Glaubens in einer immer stärker säkularisierten Welt erkannt und Weichen gestellt, dass der Glaube in der Sprache unserer Zeit und auf dem Boden ihrer Vorstellungswelt verkündet wird. Doch dann war auch wieder eine starke Rückwärtsgewandtheit zu spüren: Es heißt, die Kirche entferne sich von dem, was Christus eigentlich gewollt hat, und man versucht nun, mit aller Gewalt alles so zu lassen, wie es immer war.

Um die Problematik im Kern zu veranschaulichen, möchte ich ein konkretes Beispiel geben: Das ist der nicht zu leugnende große Priestermangel. Schon seit Jahren geht die Anzahl der Priesterweihen zurück, wodurch die Überalterung des Klerus natürlich immer stärker zu spüren ist. Pfarren müssen zusammengelegt werden und die noch vorhandenen Priester sind von Messe zu Messe unterwegs. Für viele wirkt das fast schon, als ob sie sich auf Tournee befänden. Wie lange kann das noch so weitergehen? Als ich einmal in einer der Pfarren den Pfarrer abziehen und diese kleine Pfarre zu einer anderen geben musste, wollten die betroffenen Leute wissen: „Wer wird unseren Kindern etwas von Gott erzählen?" Ich höre diese brennende Frage noch heute.

Es wurde also notwendig, viele Aufgaben in der Kirche an Laien zu übertragen. Früher musste alles der Pfarrer machen und er hatte in der Pfarre auch alles in der Hand. Was wahrscheinlich nicht so gut gewesen sein dürfte, weil die Gläubigen ihre persönliche Verantwortung als Christen nicht mehr spüren konnten. Diese Entwicklung zeigt also auf: Weniger Priester und mehr Laien in einer Pfarrgemeinde haben auch ihr Gutes.

Seit die Priesternot spürbar wurde, gab es „von oben" immer wieder die für aufgeklärte Menschen seltsam anmutende Aufforderung, um Priesternachwuchs zu beten. Was soll ich sagen: Das geschieht nun schon ziemlich lange. Warum dieses Gebet wohl nicht erhört wird? Könnte es vielleicht daran liegen, dass Menschen mit ihrem freien Willen in einer total verweltlichten Umwelt einfach nicht mehr Priester werden wollen? Könnte es also sein, dass selbst der liebe Gott in dieser Situation einfach ansteht? Das glaube ich nicht. Denn ich glaube, dass Gott etwas ganz anderes will. Was könnte das sein? Ich bin tief davon überzeugt, dass Gott viel mehr Aufgaben in seinem Reich in die Hände von Laien legen möchte und dass Priester diese Aufgabe nicht mehr allein machen sollen.

Ich glaube aber auch, dass neue Wege gesucht werden müssen, damit auch Priester für die Arbeit im Weinberg des Herrn gefunden werden. Man kann das Problem des Priestermangels sicher nicht durch „Priester-Importe" aus aller Welt lösen. Jede Nation denkt grundsätzlich anders, fühlt anders und lebt anders. In der Kirche wird es immer die Ehelosigkeit um des Himmelreiches willen geben. Menschen also, die sich ganz in die Seelsorgearbeit einbringen. Aber das wird nicht mehr reichen. Es wird also nötig sein, die sogenannten „Viri probati", Männer also, die zwar verheiratet sind, sonst aber alle Voraussetzungen für priesterliches Wirken haben, zu Priestern zu weihen. Wenn sie in kleinen, überschaubaren Bereichen als Priester wirken, dann verträgt sich das durchaus mit einer Familie. Persönlich könnte ich mir die Priesterweihe auch für Frauen vorstellen. Das wird aber, so befürchte ich, sicher noch eine längere Anlaufphase brauchen. Wir haben ja an anderer Stelle schon gehört, dass die Kirche in Jahrhunderten denkt. Mir scheint aber, dass Gottes Wille mit ziemlicher Sicherheit in diese Richtung läuft.

Das Problem liegt nur darin, dass die Kirche als Institution, die sie immer mehr geworden und die als solche auch notwendig ist, dazu neigt, dass sie starr und unbeweglich wird. Und dass sie das Wehen des Geistes oft nicht mehr wahrnimmt. Seien wir ehrlich: Genau so war es doch vor dem Konzil in Konstanz (1414–1418): Die Kirche lag völlig danieder, es gab drei Päpste, und allen war klar, dass etwas geschehen musste – dass es so einfach nicht weitergehen konnte. Eine Reform war dringend notwendig. Nach langen Verhandlungen gelang es, die Institution zu sanieren, und mit Martin V. gab es nur mehr einen Papst. Damit war die Sache abgeschlossen. Die höchst notwendige Reform der Kirche kam aber trotzdem nicht. Stattdessen wurde die Kirche mit Martin Luther konfrontiert, der die Probleme zu Recht anging. Das tat er allerdings – wie es in der Kirchengeschichte so oft der Fall war – sehr einseitig. Luther verdammte alle Institutionen und ließ nur mehr eine Geistkirche gelten. Dabei wäre auch damals beides von größter Wichtigkeit gewesen: die Institution und der Geist. Es war im Laufe der Geschichte immer wieder zu beobachten, dass die Kirche erst dann etwas zu ändern beginnt, wenn es auf dem eingefahrenen Weg wirklich nicht mehr weitergeht. Die Änderung geschieht dann aber nicht durch Umdenken in Gottes Geist, sondern als Reaktion auf die Entwicklungen, die sich ergeben haben.

Und da träume ich schon wieder – trotz allem und jedem: Dass sich in unserer Kirche doch noch etwas bewegt, dass Gottes Geist durch alles Abwehren, durch alle Entwicklungen hindurch Wege zeigt, wie die Kirche auch noch in der Zukunft wirken, wie sie die Anliegen Jesu zu den Menschen bringen kann. Angesichts mancher Ereignisse in der St. Pöltener Diözese kam mir bisweilen der Gedanke: „Bin ich froh, dass ich schon so alt bin!" Wenn ich aber wirklich glaube, dann ist das ein zutiefst unchristlicher Gedanke, und deshalb träume ich schon wieder weiter und hoffe, dass meine Träume sich zu Visionen verdichten. Und zwar zu dem, was Gott will – und nicht zu dem, was die Menschen wollen. Selbst Petrus musste sich den Vorwurf Jesu gefallen lassen: „Du willst mich zu Fall bringen; denn du hast nicht das im Sinn, was Gott will, sondern das, was die Menschen wollen" (Mt. 16, 23).

Meine Visionen lassen mich trotz meiner zwar träumerischen, aber dennoch stark ausgeprägten pessimistischen Charakterstruktur hoffen, dass sich in der Kirche in absehbarer Zeit etwas bewegt: Dass die großen Spannungen nicht im Streit und der Spaltung enden, sondern im Hören auf Gottes Geist, wie es beim Apostelkonzil geschah. Damals kam es zum größten Schritt in die Freiheit, den die Kirche je gewagt hat. Die Heiden mussten nicht das ganze jüdische Gesetz einhalten. Die Formulierung der Nachricht an die heidenchristliche Gemeinde in Antiochia ist bedeutsam: „Der Heilige Geist und wir haben beschlossen" (Apg. 15, 28).

Meine Vision ist die, dass man letztlich doch auf den Geist Gottes achten wird. Die Richtung der Entwicklung ist so eindeutig, dass sie einfach weitergehen muss. „Mit dir erstürme ich Wälle, mit meinem Gott überspringe ich Mauern", sagt der Prophet (Ps. 18, 30).

Für mich selbst habe ich die Hoffnung, dass ich noch ein wenig für die Menschen da sein kann, denen ich auch als alter Mann noch Gottes Liebe näherbringen darf.

Wenn man nur mit der nüchternen Wirklichkeit lebt, stumpft man allmählich ab. Da kann sich dann wirklich nichts mehr tun, was das Leben lebenswert macht. Der Apostel Paulus schreibt im Römerbrief (Röm. 5, 1–5): „… wir rühmen uns unserer Hoffnung auf die Herrlichkeit Gottes. Mehr noch, wir rühmen uns ebenso unserer Bedrängnis; denn wir wissen: Bedrängnis bewirkt Geduld, Geduld aber Bewährung, Bewährung Hoffnung. Die Hoffnung aber lässt nicht zugrunde gehen". Das ist die Vision, die der christliche Glaube mir schenkt.

Visionen wecken Leben

1996 feierte Österreich 1000 Jahre der ersten Nennung seines Namens „Ostarrîchi". In Melk hatten wir eine Vortragsreihe unter dem Titel „Visionen". Persönlichkeiten des öffentlichen Lebens, wie Erhard Busek, der heutige Bundespräsident Heinz Fischer, der Theologe Paul Zulehner und andere, hielten Vorträge über ihre Visionen für das folgende Jahrtausend.

Ich habe fast alle Vorträge dieser Reihe gehört. Sie boten zum allergrößten Teil hervorragende Gedankengänge, die sehr viele Einblicke in Gesetzmäßigkeiten der Geschichte, der Wirtschaft, der Gesellschaft, kurz: in unser Leben, gaben. Da wurden Sachzwänge aufgezeigt, dass manches eben so kommen muss, und Entwicklungen geschildert, die programmierbar und vorhersehbar sind. Da wurden aber auch Trends angedeutet, die bereits deutlich ihre Wirkung tun, und Prognosen erstellt, die trotz aller Vorsicht und Zaghaftigkeit klar machten, dass eine gewisse Nähe zu Visionen bestand. Aber wo blieben die wirklichen Visionen? Waren das nur Illusionen und Einbildungen? So, wie wir oft sagen: „Mach dir keine Illusionen, das wird nichts!" Oder sind es Träume, von denen wir immer wieder behaupten, sie seien nichts als Schäume? Da hatte ich einfach das Gefühl, man müsste doch auch Dinge beim Namen nennen, deren Verwirklichung schön wäre, die aber ganz selten und meist gar nicht realisiert werden können.

Was ist eine Vision wirklich? Meine Erfahrung in vielen Bereichen meiner Tätigkeit und meines Lebens war die: Ich hatte eine Idee, deren Verwirklichung, so meinte ich, zu etwas nütze sein könne. Und ich wollte sie umsetzen und biss mir dabei die Zähne aus. Es war einfach nicht zu machen. Bin ich jetzt ein Träumer, ein Traummännlein gar, das manchmal gute Sachen verwirklichen möchte, aber dann wieder nicht ernst genommen wird, weil eben die Wirklichkeit so völlig anders aussieht?

Allzu oft kam ich mir vor wie Don Quichotte. Der Mann von La Mancha, der auszieht, um für das Gute zu kämpfen. Aber es ist ein sinnloser Kampf, ein Kampf mit Windmühlen, deren Flügel den „Ritter von der traurigen Gestalt" einfach zerstören, ja sogar vollkommen ruinieren. Als unsere Studenten Musicals zu spielen begannen, äußerte ich immer wieder den Wunsch, man möge doch einmal das Musical „Der Mann von La Mancha" aufführen. Das war ein Traum von mir, eine Spinnerei. Das sei bei unseren musikalischen, schauspielerischen und räumlichen Voraussetzungen unmöglich, wurde mir gesagt. Also wieder einmal ein unmöglicher Traum! Trotzdem sprach ich immer wieder davon, träumte einfach meinen Traum weiter, dachte immer wieder laut darüber nach. Dann kam mein 60. Geburtstag und man schenkte mir die Verwirklichung meines Traumes. Ein Mitbruder, der Regie führte, hat mir nachher erklärt, dass er sich das Musical nie angetan hätte, wenn ich es mir nicht so stur eingebildet hätte. Als das Musical aufgeführt wurde, hat das Gebotene alle Erwartungen übertroffen. Niemand hatte zuvor daran geglaubt, dass mit den Möglichkeiten, die wir hier haben, so etwas über die Bühne gehen könnte. Ohne meinen verrückten Traum wäre diese Aufführung bei uns wohl nie möglich gewesen. Weil also einer eine Vision hat und diese durchhält, ist viel mehr möglich, als jemals zu erwarten gewesen wäre.

In diesem „Mann von La Mancha" bildet sich einer ein, er sei ein fahrender Ritter, und er zieht aus, um für das Gute zu kämpfen. Er glaubt, dieses Gute verwirklichen zu können, er träumt, wie er singt, „… einen unmöglichen Traum, bekämpft den unschlagbaren Feind, er trägt den untragbaren Kummer, stürmt vor, wo der Tapferste flieht … Und der Welt wird ein helleres Licht, weil ein Mann, oh so hoffnungslos gern, aus der Nacht, selber blind, noch gereicht hat nach dir, unerreichbarer Stern." Da gibt es eine Vision, den unerreichbaren Stern, an einer wesentlichen Stelle dieses Musicals heißt es dann: „Wenn das Leben verrückt erscheint, wer sollte dann noch wissen, wo der Wahnsinn liegt? Vielleicht ist es Wahnsinn, sich Träumen hinzugeben und Schätze zu suchen, wo nur Schutt ist? Aber vielleicht ist es auch Wahnsinn, ganz normal zu sein? Aber gewiss ist es der allergrößte Wahnsinn, das Leben so zu sehen, wie es ist, und nicht so, wie es sein sollte, wie es sein könnte."

Sind Visionen Schwärmereien, eine Art Rauschgift, das nur betäubt, oder Illusionen, die uns etwas vorgaukeln, sind sie der unerreichbare Stern? Sind sie nicht eher Bilder, die wie eine Legende das Eigentliche, die Wirklichkeit oft besser umschreiben als eine abgesicherte Information? Visionen können beflügeln, zu ungeahnten Höhen führen, Leben wecken und schenken. Und Leben ist nicht Ende, nicht Tod, sondern Anfang und neuer Aufschwung.

In unserer Benediktuskapelle gibt es einen Raben. Den wollte ich gemalt haben, und der ist dargestellt beim Tod des heiligen Benedikt. Der Maler, Peter Bischof, hatte dort einen Raben entworfen, der den Kopf hängen ließ. Als ich hineinkam, fragte ich ihn: „Warum lässt der den Kopf hängen?" Und er sagte mir: „Ja, der ist traurig. Der ist traurig, weil der heilige Benedikt gestorben ist." Und ich habe sofort darauf gesagt: „Um Gottes willen, der heilige Benedikt ist doch nicht gestorben, Gott hat ihn auferweckt." Wir haben dann lange miteinander gesprochen. Ich meinte, er sollte zwei Raben malen, einen mit hängendem Kopf und einen zweiten, der nicht traurig, sondern froh ist. Als ich am nächsten Tag in die Kapelle kam, gab es da einen Raben, der den Schnabel weit aufreißt. Der Künstler erklärte dazu, dieser Rabe rufe den laufenden Gestalten an der anderen Seite der Wand zu: „Auf, jetzt geht es weiter!"

Wenn ich manchmal so meine traurigen Anwandlungen habe, dann gehe ich in diese Kapelle und schaue mir den Raben an, der den Schnabel ganz weit aufreißt.

Der Glaube, der mir Kraft zum Handeln gibt

Ist mein Pessimismus Anlage? Oder haben Ereignisse meines Lebens mich zum Pessimisten gemacht? In Kindesjahren hatte ich immer das Gefühl, dass uns nichts passieren kann, und dann stürzte im letzten Kriegsjahr mein Bruder mit einem Flugzeug ab. Zwei Jahre später starb mit 48 Jahren mein Vater an Magenkrebs. Ich hatte als junger Mensch mit Magenproblemen zu kämpfen und war überzeugt, dass ich keine 50 Jahre alt werde.

Durch meinen Glauben habe ich dazu gefunden, dass ich nicht aufgebe, wenn vielleicht nichts mehr möglich zu sein scheint. Ich habe meine Lebensphilosophie schon früher zum Ausdruck gebracht: Wenn ich untergehe, dann mit fliegenden Fahnen!

Jetzt ist der Mensch, der fürchtete, nicht 50 Jahre alt zu werden, 78 und kann noch immer einiges tun. Jetzt schreibt derselbe Mensch, weil ein Verleger meint, er solle es tun, dieses Buch. Vor acht Jahren hat er sein Abtsamt in jüngere Hände legen dürfen und rauft immer noch mit seinem Terminkalender, weil man ihm immer noch etwas zutraut – das kann er nur, weil er glaubt und weiß, dass einer mit ihm geht.

Vor Jahren hatten wir Exerzitien, Tage der Einkehr, der Besinnung, der Standortbestimmung. Nach solchen Tagen nimmt man sich immer etwas vor, das man in Zukunft besonders ins Auge fassen will. Der Exerzitienleiter meinte nun, wir sollten für das, was wir uns besonders vornehmen wollten, ein Symbol suchen und bei der abschließenden Eucharistiefeier auf den Altar legen. „Ich laufe ständig mit dem Terminkalender herum, habe zu wenig Zeit für meine Mitbrüder", so dachte ich. „Je älter ich werde, umso ungeduldiger werde ich. Also zwei Dinge wären es: Mehr Zeit nehmen für meine Mitbrüder und mehr Geduld haben." Bei meinen Überlegungen fiel mein Blick auf eine Uhr, die auf meinem Schreibtisch lag: Die Batterie war aus, der Sekundenzeiger stand still, die Digitalanzeige war erloschen. Das war das gesuchte Symbol: Wenn ich künftig mit einem Mitbruder spreche, soll die Zeit stehen bleiben, Geduld braucht man dabei natürlich auch. Es kam der Abschlussgottesdienst. Ich fürchtete natürlich wieder einmal, dass meine Mitbrüder bei der unkonventionellen Sache nicht mitmachen würden, und hielt meine Uhr fest und verkrampft in der Hand. Zu meiner positiven Überraschung brachten fast zwei Drittel meiner Mitbrüder ein Symbol, die meisten erklärten es auch. Dann kam ich an die Reihe. Ich ließ meinen Vorsatz laut werden: „Mehr Zeit, mehr Geduld, und deshalb habe ich dieses Symbol genommen, diese Uhr, die ...". Aber siehe da, sie stand nicht, der Sekundenzeiger lief wieder, die Digitalanzeige leuchtete auf. Das war kein Wunder, jeder Physiker wird sofort die Erklärung parat haben: Meine warme Hand hatte die Batterie kurzfristig zum Leben erweckt. Für mich aber war es ein sehr starkes Symbol, was eine warme Hand zu schaffen vermag. Das habe ich in den 58 Jahren, die ich in meiner benediktinischen Gemeinschaft lebe, immer mehr erfahren dürfen: Bei allem Auf und Ab des Lebens gibt es einen, der mich in seiner wärmenden Hand hält. Das schenkt mir – ich sage es noch einmal – mein Glaube.

Als mir am Anfang meines Klosterlebens jener alte Priester einfach sagte: „Machen Sie es anders!", war mir Gott begegnet. Diese Aufforderung zählt zu den wenigen ganz großen Gotteserfahrungen in meinem Leben. Dabei können wir Gott immer wieder erfahren, in oft ganz kleinen, unspektakulären Begegnungen und Erlebnissen.

Als Abt hatte ich jedes Jahr Firmungen zu halten. Es war mir ein Anliegen, nicht über die Köpfe der jungen Menschen hinwegzureden, sondern konkret und plastisch aufzuzeigen, worum es bei der Firmung geht. Ich ließ mir jedes Jahr von einem meiner

Schüler eine Geschichte machen, die ich dann als Beispiel in meine Predigt einbaute. Ein junger Student, etwa 17, 18 Jahre alt, schrieb mir folgenden Text:

Ein junger Mann suchte Gott, er kam in eine Kirche. Dort erinnerte ihn vieles an Gott, von seiner Taufe hat jemand ihm erzählt, an die Erstkommunion hatte er dunkle Erinnerungen, wenn an großen Festtagen „Großer Gott" gesungen wurde, rührte sich bisweilen sein Gemüt. Gott aber fand er nicht.

Vor der Kirche war ein Spielzeugmacher dabei, seinen Karren einzuräumen, der umgefallen war. Unser junger Mann half ihm dabei. Beim Einräumen fiel ihm ein Clown in die Hände, der gefiel ihm sehr, er lächelte über ihn und legte ihn in den Wagen. Als sie fertig waren, gab der Spielzeugmacher unserem jungen Mann den Clown, weil er einfach Danke sagen wollte. Nach anfänglichem Wehren nahm er den Clown und freute sich.

Unser junger Mann kam an einer Bank vorbei, auf der eine alte Frau saß, die traurig war. Er setzte sich zu ihr und sie begann zu erzählen. Ihr Mann sei vor Kurzem gestorben, sie schaffe es allein nicht, er fehle ihr so sehr. Der junge Mann konnte ihr nicht helfen, aber es war jemand da, der hatte sich zu ihr gesetzt, ihr zugehört, sie an der Hand genommen.

Unser junger Mann begegnete einem Manager, der Erfolg hatte, der erklärte, wie man erfolgreich sein könne. Man müsse entsprechend taktieren, die Menschen entsprechend manipulieren, dann habe man Erfolg. Es war offensichtlich, dass er Erfolg hatte, glücklich aber war er nicht.

Unser junger Mann kam zu einem Kirchenfürsten. Es war überaus schwierig gewesen, vorzudringen, doch es war ihm gelungen. Der Kirchenfürst spürte so viel von der Substanz dieses Gottes, den der junge Mann suchte, konnte ihn in diesem Gespräch aber nicht mit der Nase darauf stoßen. Er schickte ihn in die Einsamkeit.

Unser junger Mann kam in einen dichten Wald, alles war finster und schaurig, die Stacheln des Dickichts machten ihm zu schaffen. Plötzlich eine Lichtung, alles grünte, alles blühte, ein Kind kam daher. Sie spielten miteinander, es war ein wunderschöner Tag. Am Abend musste das Kind nach Hause. Unser junger Mann sah, wie das Kind den Clown so begehrlich anblickte. Da wurde ihm klar, dass er den Clown hergeben müsse. Es fiel ihm schwer, er war ihm lieb geworden. Trotzdem hatte er begriffen, dass er ihn weiterschenken müsse. Das Kind freute sich unbändig, drückte den Clown an sich und lief fort. Gleich darauf kam das Kind zurück und hielt unserem jungen Mann ein Gänseblümchen hin. Da suchte er nicht mehr. (K. J., 1990)

Nicht nur in großen Wundern, sondern auch in den ganz kleinen Dingen begegnet uns unser Gott.

Der junge Mann aus unserer Geschichte war dabei, als ein anderer junger Mann zu einem alten, ehemaligen Abt kam und ihm erklärte, er solle ein Buch schreiben über seine Erfahrungen mit dem heiligen Benedikt, mit seinem Leben. Der alte Abt freute sich, aber er konnte sich überhaupt nicht vorstellen, wie er das schaffen könnte. Unser junger Mann bekam mit, wie der andere junge Mann in kurzen Abständen immer wieder anklopfte, sodass der alte Abt sich dann einfach hinsetzte und schrieb. Und der junge Mann aus unserer Geschichte kannte den alten Abt und spürte, dass auch da etwas Ähnliches geschenkt wurde wie ein Gänseblümchen.

Der junge Mann, der andere junge Mann, der alte Abt: Da war etwas da, das einfach strahlte, das einfach froh machte, das eine Ahnung von dem werden ließ, was im Grunde alle drei suchten. Alle drei waren sie froh.

Vom Typ zum Original.

Böschemeyer, Uwe
„DU BIST VIEL MEHR"
224 Seiten, EUR 19,95
ISBN: 978-3-902404-88-6

» In unserer Zeit, in der die Maximierung von Gewinn wichtiger zu sein scheint als der Mensch, stellt Uwe Böschemeyer seit Jahrzehnten den Menschen in den Mittelpunkt seines Denkens, Wirkens und Forschens, geradezu besessen taucht er in die Unergründlichkeit der Seele ein.«

Hamburger Abendblatt

Du darfst sein wie Du bist, aber zeige Dich von Deiner besten Seite! Bleib nicht stehen, entwickle Dich weiter!

Dieses Buch weckt Leidenschaft für das Leben, indem es die Menschen in ihrer faszinierenden Unterschiedlichkeit beschreibt und auf den Weg zu einem einzigartigen Leben, einer eigenen Persönlichkeit lockt. Es ist zugleich Werbung für den Menschen, will motivieren, das Beste aus sich herauszuholen, und zeigt, dass ein Mensch immer „mehr" ist als eine Problematik, die ihn festzuhalten scheint. Am Typischen soll das Einengende überwunden werden und gleichzeitig das Erleichternde des eigenen Typus ausgelebt werden. Uwe Böschemeyer fordert dazu heraus, die bislang unberührten und ungelebten Gebiete des Geistes und der Seele kennenzulernen und sie in ihrer Kraft zu erfahren.

Spannend.

**Was unterscheidet
Menschen, die an ihren
Verletzungen zerbrechen,
von jenen, die sogar
daran wachsen?**

Salcher, Andreas
„DER VERLETZTE MENSCH"
248 Seiten, EUR 19,95
ISBN: 978-3-902404-69-5

*»Es kommt selten vor, dass ein Mensch auf nur einem Gebiet erfolgreich Spuren
hinterlässt – Andreas Salcher gelingt dies sogar in mehreren: Bildung, Wirtschaft, Politik und Gesellschaftskritik. Seine Bücher und Veröffentlichungen
sind ein fundierter und wichtiger Beitrag auf jedem dieser Gebiete.«*

Mihaly Csikszentmihalyi, Entdecker des »Flow« und führender Glücksforscher

Im Laufe unseres Lebens werden wir alle zu Experten: Ausgrenzung, Verrat,
Demütigung, Vertrauensbruch, Gleichgültigkeit.
Jeder hat schon verletzt. Jeder wurde schon verletzt. Ein unbedachtes Wort kann
eine Kindheit zerstören. Eine kleine Unachtsamkeit zu einem Wundbrand in der
Seele des anderen führen. Manchmal verletzen wir uns auch selbst, indem wir uns
aus mangelndem Mut oder falschem Stolz von unserem Ursprung und unseren
eigenen Bedürfnissen trennen.
Mit viel Einfühlsamkeit und ohne Scheu vor Tabus entfaltet Andreas Salcher eine
Landkarte der verborgenen Verletzungen und fragt: Was unterscheidet Menschen,
die an ihren Wunden zerbrechen, von jenen, die sogar daran wachsen? Wie können wir verhindern, dass die Angst vor weiteren Verletzungen unsere Sehnsucht
nach Liebe erstickt?
Versöhnen Sie sich selbst und mit der Welt. Denn in Ihrer tiefsten Verletzung liegt
Ihr größtes Talent.